详谈 ▶ 商业现场

# 因为独特

中信出版集团 | 北京

李翔 著

**图书在版编目（CIP）数据**

因为独特 / 李翔著 . -- 北京 : 中信出版社 , 2024.
10（2025.6 重印）. -- ISBN 978-7-5217-6713-1

Ⅰ. K825.38

中国国家版本馆 CIP 数据核字第 2024919N35 号

因为独特

著者： 李翔
出版发行：中信出版集团股份有限公司
　　　　　（北京市朝阳区东三环北路 27 号嘉铭中心　邮编　100020）
承印者： 北京联兴盛业印刷股份有限公司

开本：880mm×1230mm 1/32　印张：10.25　字数：185 千字
版次：2024 年 10 月第 1 版　　　印次：2025 年 6 月第 6 次印刷
书号：ISBN 978-7-5217-6713-1
定价：69.00 元

# 目录 CONTENTS

# 王宁是谁

王宁是谁?

这个问题想必在很多投资人的心头浮现过,直到 2020 年他以一个惊人的亮相被所有人看到。那一年王宁 33 岁,他创办的公司泡泡玛特于 12 月 11 日在香港上市,市值一度突破 1000 亿港元。这件事成为 2020 年和 2021 年那一波新消费创业浪潮中最受追捧的故事之一。

对这个问题的简单回答是:他是一位出生于 1987 年的中国年轻创业者,他在 2010 年创办的公司泡泡玛特是潮流玩具行业的领军企业,这家公司推出的爆款潮流玩具 IP(知识产权)包括 MOLLY、SKULLPANDA 和 LABUBU① 等。如果你不关心这个行业,可能会对这些名字感到陌生,但对于潮流玩具的收集者而言,它们都是这个领域

---

① MOLLY、SKULLPANDA、LABUBU,以及后文提及的 DIMOO、小野、CRYBABY 等,均为泡泡玛特拥有的潮玩 IP 名。

2024年06月-07月合刊

福布斯
# Forbes

泡泡玛特
创始人、CEO
王宁

向上努力
向外看

## 中国
## 最佳CEO

跨国经营能力已成为衡量最佳 CEO
表现的重要因素之一。

ISSN 1726-0914

9 771726 091245

07 >

图 0-1　泡泡玛特创始人、CEO 王宁 2024 年入选福布斯中国最佳 CEO

中的明星，其中一些潮玩款式在二手市场价格不菲。这些可以被视为"又一个圈层"的潮玩爱好者有多少人呢？虽然没有准确数据，但是有一个数据可供参考，截至 2023 年 12 月 31 日，泡泡玛特在中国内地的注册会员人数超过 3400 万。

泡泡玛特在 2022 年的营收是 46.17 亿元，净利润 5.74 亿元，2023 年的营收达到 63 亿元，净利润为 11.9 亿元。如今这家公司正努力把业务扩展到全球，2023 年其在港澳台及海外的营业收入已经超过 10 亿元。同时，它也在围绕自己拥有的潮玩 IP 做业务扩展，比如 2023 年它已经在北京朝阳公园推出了第一家泡泡玛特城市乐园。此外，它也在投入制作游戏和动画电影。简而言之，这家公司希望从一家设计、制造和销售潮流玩具的中国公司，变成一家围绕 IP 去做业务扩展的全球化公司。

在我访谈王宁期间，这家公司的市值为 250 亿港元左右（约为 32 亿美元，在泡泡玛特 2023 年财报公布之后，公司的股价开始回弹，到 2024 年 3 月底，公司市值已经上涨到 400 亿港元左右）。泡泡玛特首席运营官司德开玩笑说："如今关于泡泡玛特的报道，大多会加上一句——'相比于股价最高峰时市值已经缩水了三分之二'。"不过，如果要加上对比，你会发现国内公司中竞争力最强的几个巨头企业的股价同样不好看：美团的股价从 2021 年 2 月最高时的 460 港元跌到了 2023 年 1 月时的 65 港元左右；阿里巴巴的股价从 2020 年 10 月的 319 美元跌到了 2023 年 1 月底的 72 美元左右；就连一向被认为拥有极高护城河的腾讯，股价也从 2021

年 3 月时的 767 港元跌到了 2023 年 1 月的 275 港元。

## 错过泡泡玛特

在公司上市之前的很长一段时间内，王宁和泡泡玛特是最被投资圈忽视的创始人和品牌之一。泡泡玛特上市之后，在媒体对这家公司的密集报道里，最为集中的一个主题就是：错过泡泡玛特。

一个曾经在创投圈里广为流传的段子是这样说的：以前投资人对泡泡玛特的评价是——创始人学历平平，没正经上过班，说起话来表情平静、没感染力，团队里也没精英；上市后，每一位投资人都提到——王宁性格沉稳，话不多，喜怒不形于色，拥有消费行业创业者的许多优良品格。

泡泡玛特在上市之前所有轮次的融资加起来不过几千万人民币，事后来看，这在那个风险投资狂飙的年代简直难以想象。当时的明星项目在公布融资额时动辄以亿为单位，让我这个经常看创投新闻的人都一度对数字麻木了。在泡泡玛特的投资人名单里，除了红杉资本中国基金从早期股东手里接手了一些公司股份，市场上所谓"有头有脸"的基金，全部没有投资这家在 2020 年 IPO（首次公开募股）时的明星股。因此，科技媒体 36 氪的报道说："是一群曾经的'无名之辈'，造就了 2020 年最夸张的 IPO 故事：新股认购超356 倍，上市开盘市值达 1000 余亿港元。"

这是一场出乎意料的胜利。一个出身于城市普通家庭的普通男生，在一座三线城市读了一所普通大学，毕业之后创办了一家普通的零售公司，没有时髦的风口概念，后来竟然成为潮玩行业的代表人物，让很多投资人懊恼自己错过了这样一个可以带来不错回报的投资标的。

不过，这种错失并不难理解。风险投资在选择一个投资标的时，通常会从两个维度考虑问题：赛道和骑手。骑手指的是公司创始人和团队，赛道指的是这家公司所在的行业。

风险投资追求的是大胜。风险投资中的"风险"两个字，意味着基金的出资人和管理者都默认接受两件事：基金所投的创业公司有可能不会成功，自己在这家公司的投资颗粒无收。但是风险投资这个游戏之所以能持续下去，是因为基金的投资人和管理者追求的，是在自己的投资组合中会出现个别回报率超高的公司，从它们身上赚到的钱足以覆盖所有的损失，并且还能收获不错甚至超高的回报。比如最常被提起的一个例子是，红杉资本美国基金的某期基金投资的初创企业几乎全军覆没，但是其中有一家公司拯救了整只基金的投资回报率，这家公司叫谷歌。

能够带来如此超额回报的企业，往往只会出现在高速增长的行业中。最典型的就是早期的互联网。杰夫·贝佐斯之所以放弃自己在对冲基金的高收入工作转而选择创业，原因就是他在1994年时看到了一篇报道，其中预测互联网用户的年增长率会达到2300%。他的选择没错，这的确是个千载难逢的机会，这个机会让亚马逊成为全世界最大的互联网公司之一，也让贝佐斯多年蝉联世界首富。

所以，训练有素的初创公司在展示给投资人的融资计划书里，会写明自己所在行业的市场有多大，增长速度又有多快，而自己的公司预计会在这个大市场中占有多大的市场份额。

当王宁和他的同事们在 2010 年创办泡泡玛特这家公司，并且在 2013 年开始寻求融资时，几乎每一个快速增长的行业都离不开一个词：移动互联网。

比如包括智能手机在内的新的移动终端中，小米公司创办于2010 年。基于移动互联网的社交网络中，微信诞生于 2011 年 1 月，陌陌创办于 2011 年。依靠移动互联网，可以提供基于位置的生活服务平台中，美团成立于 2010 年，滴滴成立于 2012 年。基于新的终端提供新内容的平台中，今日头条成立于 2012 年。除此之外，还有一大堆基于移动互联网产生的新的基础设施的创业公司。

那时候有这样一句口号：所有的行业都可以基于移动互联网，用互联网思维重新做一遍，甚至包括最传统的餐饮行业。2012 年还出现了一家公司叫黄太吉，创始人号称要用互联网思维去改变传统的餐饮服务业。创立三年之后，2015 年 10 月这家公司完成 1.8 亿元人民币的 B 轮融资，公司估值达到近 16 亿人民币。

在这种情况下，一家在线下开店的零售公司未免显得过于传统。更何况，线下的零售公司还正面临着电子商务的冲击。被贴上"传统"的标签是危险的。用不了多久就能在互联网上看到这些耸人听闻的文字：时代抛弃你的时候，连声招呼都不打；战胜了所有对手，却输给了时代；你什么都没有做错，只是老了……

所以，陈格雷在泡泡玛特上市之后写文章说："其实只要是见过王宁的投资人，基本上还是挺看好他的，他们没看上的是泡泡玛特的商业模式。"

当然，泡泡玛特的商业模式本身也在变化。王宁后来经常说的一句话是："我们是从A出发，中间做了B，因为C而成功，最后可能是在D上变得伟大。"即使是早期投资了泡泡玛特的投资人也不会想到，这家公司会从一个线下的潮流杂货铺，蜕变成一家潮流玩具上市公司。

不过，即便泡泡玛特在第一天就把自己定位成潮流玩具公司，我也怀疑能有多少投资人会下决心投资它。因为在创投圈流行的另一句口号是：刚需、痛点、高频。外卖平台满足刚需、痛点、高频，共享单车满足刚需、痛点、高频，但是买一个没有实际功能的MOLLY潮玩，肯定不会被非粉丝的投资人认为能满足刚需、痛点、高频。

## 王宁和他的团队

作为创业者的王宁和他的团队又是怎样的？

王宁本科就读于郑州西亚斯学院，位于郑州市下辖的县级市——新郑市。这是一所中美合办高校，王宁学的是广告学专业。

尽管这是所有投资人眼中平平无奇的高校，但是王宁自己倒一点也不介意跟其他人介绍这所大学。他认为西亚斯学院的氛围开放，鼓励学生在读书时做各种创业实践,并且因为是中外合办的形式,还能让他们接触到西方的教学理念。如果你今天打开西亚斯学院的官网,会发现这所学校除了有"西班牙街""伦敦街""罗马剧场""莫斯科红场"和像迪士尼城堡一样的学生活动中心,也真的有一条街叫"创业街"。作为西亚斯学院的杰出校友,王宁连续几年参加了学校的毕业典礼,并且还为在校学生捐助了以公司名字命名的奖学金。

然后,在创业期间,王宁去北京大学光华管理学院(简称"北大光华")读了MBA(工商管理硕士)。

早期泡泡玛特的团队成员基本上由两部分组成。一部分是王宁在西亚斯学院的同学,这些同学基本上在大学时期就跟着王宁一起做学生社团和一些创业实践,等到王宁在北京创业做泡泡玛特之后,他们就陆续加入这个团队。另外一部分是王宁在创业前的短暂工作经历中认识的同事,以及到北大读完MBA之后认识的同学。

所以,才会有那个坊间传闻:泡泡玛特的高管基本上都是王宁的同学。如果你去看这家公司的高管名单,确实能看到,执行董事杨涛和刘冉跟王宁毕业于同一所大学,首席运营官司德、首席财务官杨镜冰、国际业务总裁文德一和城市乐园负责人胡健是王宁在北大光华读研究生时认识的同学。司德和王宁是踢球时认识的,文德一和王宁是上选修课时认识的。我听到时忍不住开玩笑说,这么看来王宁非常擅长社交,而且人缘不错。等到这家公司继续变大,又会有新的、成熟的人才加入，不过，这已经是这家公司完成上市、可以吸引各个领域的资深人士的阶段了。

王宁自己确实"没正经上过班"，在创办泡泡玛特之前，他在北京的两家公司待过，一家是小公司，做互联网教育，另一家是门户网站新浪。他2009年毕业，2010年11月就在北京开了泡泡玛特第一家线下门店，留给他"正经上班"的时间确实也只有一年多一点。

至于创始人有没有感染力，我觉得从他能把那么多认识的同学拉到自己公司一起创业的这个结果倒推，应该是有的。因为要实现这个结果，他在西亚斯学院的同学需要成为北漂，早期经常两个人挤在一间小小的出租屋里，跟他一起辛苦地做线下零售。他在北大MBA的大部分同学都有一份其他人看来的"好工作"，在当时是需要鼓足勇气加入创业阶段的泡泡玛特的。司德说："在北大认识王宁时，我是一个很普通的人，泡泡玛特是一家很普通的公司。"但是这个很普通的人在当时拥有一份在跨国公司的工作。

我认识的一位投资人讲他在早年投资泡泡玛特的原因，倒不是自己多么有先见之明——能看到随着经济发展和人均GDP（国内生产总值）的增长，城市的年轻人开始对有着"无用之用"的潮流玩具感兴趣，而是王宁符合他早年管理公司时因大量招聘而形成的两个看人原则。第一个原则是，这个人要有一项特长，在某个方面很突出。这意味着只要把这个人放对地方，他就能发挥出自己的才能。第二个原则是，需要有人始终愿意跟他一起工作。他认为自己碰到王宁时，王宁完全符合这两个原则：首先，王宁喜欢跳街舞，大学时还曾经组织过街舞社团；其次，当时公司干了几年都没赚到多少钱，但是团队还是锲而不舍地跟着他一起创业。

抛开学历、团队、工作经历这些因素，虽然年纪轻轻，但王宁确实是一个老练的消费行业创业者。他一直都是一个不安分的人。高中毕业等待去大学报到的那个暑假，王宁认为自己足球踢得挺好，就在老家河南新乡创办了一个暑期足球班，他没有场地，也没有办公室，只是自己印刷了很多传单去小学门口招生，最后真的招来了几十个学生。

在大学期间，王宁成立了一个社团工作室叫"Days Studio"，直到今天还可以在学校官网查到这个工作室。从 2006 年 9 月新生入学季开始，这个工作室每半年会拍摄一部关于校园生活的纪录片，然后刻制成 VCD 和 DVD 售卖给想要纪念大学生活的同学。泡泡玛特执行董事刘冉是比王宁低一届的师妹，入学后就加入了 Days Studio，跟王宁一起拍纪录片、卖光盘。

2008 年王宁开始开店。他发现了格子铺这种模式，于是就租下一整个商铺，然后再把商铺分成很多个格子，分租给更小的商家。他和自己的社团同学一起在大学附近开了自己的第一家线下店，取名为"格子街"。等到他去上海实习和在北京工作之后，"格子街"仍然在运营。后来决定在北京创业时，他们把"格子街"卖掉，用那笔钱（20 多万元）在北京开了第一家泡泡玛特线下门店。

你可能会觉得他的很多想法都不是硅谷创业范式中改变世界

式的狂想，比如要往每个人桌面上放一台电脑，或者是要让全世界的信息都触手可及，再或者是要让人类变成多星球生存的物种，但必须承认王宁似乎与生俱来有种发现机会的直觉。无论是 Days Studio、格子铺，还是他发现可以从义乌批发演唱会的头戴牛角发箍回学校去卖，甚至是在上海找工作期间，他认为自己可以创办一个服装品牌，专门出售高性价比的西服给需要找工作的大学生。他总能发现一个真实存在的市场需求，同时敢付诸行动，而不只是想想而已。

## 从杂货铺到"迪士尼"

除了对机会的敏感，他还有一种灵活和随机应变的特质。正是这种特质，让他在 2010 年创办了泡泡玛特之后，一步一步带着这家公司从一个线下的潮流杂货铺，演变成后来上市时的潮玩领导品牌。在他看来，公司必然是一个不断变化的过程，正像公司所处的这个世界也是在不断变化一样。

这时候，重要的是运作这家公司的团队的状态，尤其是他自己的状态——必须能看到机会，又能足够灵活地发现问题或在发现下一个机会时随时改变。这也是王宁身上被他的几位同事提到的一个特质：他从来不惮于否定自己。用一个经济学术语来说，他从来没有被沉没成本束缚过。

司德是王宁在北大读 MBA 时的同学，他在 2015 年加入这家公司，也是王宁的第一位加入泡泡玛特的北大同学。在他看来，泡泡玛特的发展可以分为三个阶段。

第一个阶段是潮流杂货铺阶段。这个阶段泡泡玛特参考了LOG-ON，这是香港的一家潮流百货超市。泡泡玛特公司的英文名"POP MART"，直接翻译成中文就是潮流超市。它的商业模式是选品、采购，然后再通过自己的线下门店出售，从中赚取差价。

在这个过程中，王宁尝试过开放加盟，也试图想要做一家电商网站专门服务像早期泡泡玛特这样的小杂货店。但是一款名叫Sonny Angel 的玩偶改变了这家公司的命运。这个高 8 厘米左右的玩偶，在 2015 年能够占到泡泡玛特单店销售额的三分之一。市场的反馈让泡泡玛特开始朝着潮流玩具的方向跋涉。

不过，推动泡泡玛特向第二个阶段转型的，还有命运被别人掌握着的焦虑感。泡泡玛特只是 Sonny Angel 在中国的代理商之一，每当泡泡玛特到新的城市开店，王宁和他的同事们就必须去征求拥有 Sonny Angel 版权的日本公司 Dreams 的同意。毕竟，这是一个可以占到他们销售额三分之一的产品，如果店开起来以后，Dreams拒绝把自己的产品放到新店销售，那对这家年轻的公司会是致命的打击。

他们对自己渠道中最大销售占比的产品毫无掌控力，这种无力感随着这款产品卖得越好而越强烈——他们提出扩大代理范围的请求被拒绝了；希望能够为泡泡玛特做一些特别款玩具的请求被拒绝了；甚至在泡泡玛特举办第一届潮流玩具展时，希望 Sonny Angel

能够来参加展览的请求，也被拒绝了。Dreams 公司对自己的 IP 有自己的想法，在不客气地拒绝了泡泡玛特之后，这家公司的代表对王宁和他的同事们说："就让 Sonny Angel 走自己的路吧。"

当然，王宁和泡泡玛特也必须走自己的路。

"跟《鞋狗》的故事一模一样。"王宁说。《鞋狗》是耐克创始人菲尔·奈特的自传，菲尔·奈特讲述了自己从代理日本运动鞋鬼冢虎起家，但是在发生了关于代理权的分歧后，奈特被迫创办了自己的运动品牌耐克。

2016 年 1 月，王宁发了一条微博，询问网友："除了喜欢收集 Sonny Angel，还喜欢收集什么呢？"

泡泡玛特的团队按照留言回复中提到的名字，一个一个去拜访这些 IP 的设计师和版权拥有者。其中，最多被提及的是香港设计师王信明（Kenny Wong）的作品 MOLLY。半年之后，泡泡玛特推出了第一个 MOLLY 系列设计，即 MOLLY Zodiac 星座系列。一直到今天，MOLLY 都是泡泡玛特最受欢迎的 IP 形象之一。

在这之后，泡泡玛特开始逐渐成为一家潮流玩具公司。他们会签下艺术家，也会在内部成立艺术家工作室，获得 IP 的品牌授权，然后为这些 IP 生产潮流玩具，再通过泡泡玛特自己的商店零售。当然，他们也不排斥去签下已经为人所熟知的迪士尼或哈利·波特的形象版权。这时候的泡泡玛特像一个 IP 商业化平台，凭借自己的供应链和销售渠道，它有能力把受欢迎的 IP 产品化，变成一个一个装在盒子里的潮流玩具，再卖给喜欢它们的消费者。

它是如此成功，但对非潮玩爱好者而言又是如此陌生，以至于有一段时间王宁必须不断地去跟人解释——到底什么是潮流玩具？什么是盲盒？以及为什么有人会走进泡泡玛特的商店，在确定装在盒子里的玩具是什么样子之前就会买下来？甚至为什么会有人狂热到要收集那么多没有实际功能的玩具？又为什么一些特定的潮玩款式会在二手交易平台上被炒到那么高的价格？这是公司本身无法影响和控制的事情，但一度成为公司的负面舆情。

公众对泡泡玛特的关注，在 2020 年 12 月公司上市之后达到最高峰。在此之前，没有人可以想到，通过出售装在盒子里的、没有实际使用功能的潮流玩具，能够创造出一家市值千亿港元的公司。随着关注而来的是质疑声：泡泡玛特的潮玩 IP 可以一直红下去吗？消费者会不会喜新厌旧？这家公司是不是被资本市场高估了？但是金钱是诚实的。嗅着机会而来的人开始盯上这个新兴行业中的头号玩家，有一家公司甚至到泡泡玛特北京望京总部的办公室旁边租了一间办公室，为了定向去挖泡泡玛特的员工。

这是泡泡玛特的第二个阶段。用王宁的话说，某种程度上，他们发现并且塑造了潮流玩具这个行业，这也让他们成为这个行业的代表性公司。

然后是公司的第三个阶段。在上市前提交的招股说明书里，王宁和管理团队把全球化和围绕 IP 的集团化作为接下来最重要的两项工作。

全球化是这家年轻的中国公司的雄心，也是最近几年一批中国公司主攻的方向。对泡泡玛特而言，全球化是尝试着把自己的潮流玩具销售到全世界。用司德的话说，对于消费品牌而言，全球化是一个确定的增长方向。在 2023 年，泡泡玛特已经在中国内地之外开了超过 80 家门店和 159 家机器人商店。

IP 的集团化意味着泡泡玛特要开始在潮流玩具之外做更多探索。包括王宁在内，公司管理者们都会在谈话里提到迪士尼，但同时也承认，这家年轻的公司与已经有一百多年历史的迪士尼相比，还有相当大的差距。2023 年，泡泡玛特在北京朝阳公园内开了第一家泡泡玛特城市乐园。相比于上海迪士尼乐园和北京环球影城，泡泡玛特的城市乐园相当迷你，占地约 4 万平方米，仅相当于前者的约三十分之一、后者的约百分之一大小（上海迪士尼乐园占地 1.16 平方公里，北京环球影城占地约 4 平方公里）。不过，对泡泡玛特而言，这是在学习迪士尼的道路上迈出的一大步。而且，除了乐园，他们也成立了专门的工作室去开发动画电影和游戏。

在这个阶段，他们希望能够成为一家运营 IP 的公司，而且是全球化的公司。


## 一家公司真实的运营状态


从 2023 年 8 月开始，我跟王宁做了四次长访谈，话题从到底该怎么理解这家公司，到如何做企业管理。无论你是否喜欢，都必须承认泡泡玛特确实是在做一件跟此前的零售或文化公司都不同的事情。我们也聊到了王宁的早年经历，这家公司作为一家创业公司的发展过程，当然也涉及融资、团队和创业经历，以及他现在对这家公司的想法和对管理企业的理解。

第三次访谈的当天，他们公司的所有部门都在开年终复盘会议。会议将会持续几天，每个部门有30~40分钟的时间来总结自己过去一年的工作，包括展示成绩、提出问题，并且制定出在新一年解决这些问题的方法。会议向各个部门的负责人开放，对此有兴趣的其他同事也可以申请线上加入旁听。除了这些部门的直属上级，王宁和司德等高管也会选择一些会议参加，并且在会议过程中进行提问和给出建议。

王宁邀请我旁听中国区的年终复盘会，虽然他在访谈中一再表示自己已经不会再去做很多细节上的管理，但是在会议上他仍然表现出了对细节的理解和把控能力。王宁把公司的发展比喻为一棵树的成长过程，浇水、施肥当然重要，但是过程中的剪枝也很重要。他把管理层对公司的"敲敲打打"都视为剪枝。

我听下来，他的反馈和建议主要集中在三个方面：第一是提醒团队要注意工作的核心目标，他称之为"盯大事"；第二是关注数字，他希望在总结中能看到更多数据，以此来感受一个动作的成本和收益；第三是强调效率，他喜欢围绕效率提升来提一些改进的建议，无论这种效率提升多么细微。

举例来说，整合营销团队在讲完关于门店陈列和主题门店的装修问题之后，王宁认为，他们关心的问题有点小，大量时间是在讲如何陈列才能好看，但是他更希望看到的是针对一些大问题的考虑。比如，他认为跟门店相关的有两个大问题：第一个问题是，现在公司的 SKU[①] 和 IP 多了之后，门店要怎么通过动线设计和展柜摆放来向消费者传递一种节奏感，而不是让人进店之后不知道从什么地方逛起。第二个问题是，怎么能够通过门店去传递"情感"这种感受上的东西，这对于泡泡玛特这样销售非实用性产品的公司尤其重要。

在数据方面，王宁关心门店陈列样品后带来的售卖问题。这个问题自有它的两难之处，如果不做样品的展示，购买率会下降，但是太多的样品展示意味着要生产大量样品，这就会面临样品售卖的问题。他关心过去一年生产的样品数量，这些样品的去处，以及在销售时的折扣。王宁也提出建议：尝试通过相对激进的折扣，尽快解决样品的库存问题。同时，关于陈列的分享，他希望员工不仅仅考虑视觉和设计方面，还要加上每家店的陈列成本占门店销售的比例，包括上一年占多少，这一年又占多少。

在商业空间管理团队进行复盘之后，王宁开始就维修效率提升的问题发起讨论。2023 年线下门店超过 4000 起的维修案例中，灯具维修占到了 1264 起，其中长条灯的维修占到了 60%。王宁认为，可以改变维修流程，不需要在现场维修，而是直接换灯。比如，当

---

① 因某些特征（如品牌、尺寸、颜色、型号）使其与其他物品分开存放和计数的单位仓储物品。——编者注（本书注释若无特殊说明，均为编者注）

门店提出维修灯的需求时，公司可以先从一个集中的仓库把功能良好的灯具直接发到门店，然后由门店在美团和58同城这样的平台上下维修单，请师傅来尽快换上新灯，之后再把换下来的旧灯发到一个地方集中维修。按照之前的流程，一个灯的维修要先报到北京总部，等到总部跟厂家联系好，再派人去修，可能几天就过去了。在这几天时间里，所有走进门店的客人，感受都不会好。

除此之外，就像在很多公司的复盘会议上都会发生的那样，他也会给团队施加压力去设定一个更高的目标。泡泡玛特的抖音直播间在2023年比前一年有超过450%的增长。王宁非常赞赏这个团队，和海外业务一样，抖音已经成为今天泡泡玛特增长最快的渠道之一，但是他仍然提出，抖音渠道可以有更高的目标，因为从用户数据来看，泡泡玛特的产品在抖音的渗透率并不高。

机器人渠道的团队就没有这么好运，听完这个团队的增长目标之后，王宁很不客气地说道："我听下来的感受是，作为整个公司触角最广的线下团队①，现在进入了防守状态，我不认为机器人团队已经到了应该防守的阶段。年度增长目标不能低于20%，甚至要更高，增长20%以下都很失败。"

不过他并不是只管提出要求，他现场也给出一个方案让团队参考：减少SKU，把50%的货道空出来，这就相当于增加了2000台机器，然后从30%的增长目标去倒推实现的方法和过程。"要去研究

---

① 2023年泡泡玛特年报显示，其拥有机器人商店数量是2190家。

单品，要激进一点。"王宁说道。

等听完会员运营部门的复盘之后，王宁更不满了。会员运营部门在过去一年通过电话和短信的方式召回了 4 万名老用户，贡献了 686 万元的销售额。王宁问了更详细的成功率数据后说道："也就是说，你们给 100 万人打电话、发短信，让 100 万个人受到'骚扰'，但是仅召回了 4 万人。这件事不好，这件事对品牌的伤害大于回报。今年别再干了！"

听到最后，他直接说，这个部门应该解散。因为"门店、抖音、天猫都在琢磨复购的问题。大家都在琢磨同样的事，那就不需要再有一个专门的团队来做，否则也会权责不清"。至于这个部门的同事，应该直接去帮助线下门店服务会员和老用户，而不是"飘"在各个业务之上。

当然，更多时候，他会给出一些关于业务如何推进的方向性建议。比如对于泡泡玛特一号店（第一家门店）的装修和陈列，王宁说："要去思考特殊门店吸引的是什么样的消费者、想达到什么目的。一号门店对于泡泡玛特而言，除了有纪念意义，还有市场营销的作用。"他举了自己去星巴克第一家门店的例子，作为消费者，他去了之后会拍照留念，还会顺手买一个星巴克杯子，买完之后还会跟其他人说："你看，这是我在星巴克的第一家门店买的。"因此，泡泡玛特的第一家门店，不应该再用很大面积去陈列价格更高的MEGA 系列产品，它"像是一个旅游地，因此产品要便宜，达到顺手买走的目的，让用户能够轻松购买"。"就把这家店当成一个 IP

来做。"王宁总结道。

对于 To B（面向企业端）销售的大客户渠道部，王宁的建议是，应该多花时间在解决核心问题，即定规则的问题上。王宁在会上说："今年 50% 的时间要用来讨论规则是否合理。你们的使命是渠道更大范围地延伸。所以，要先想清楚使命，然后再想清楚规则。而规则中最重要的一点是想清楚自己想要哪些合作伙伴。"他举了个例子，如果超市靠谱，那就先集中做超市。同时，可能有些渠道非常好，但是这些渠道的能力并不是泡泡玛特想要的能力，那就放弃。

在海外做 IP 授权的问题上，一位海外业务的同事提出了正在面临的难题：做 IP 授权的周期非常长，需要一个一个去谈。此外，一方面要跟 IP 和艺术家介绍海外不同市场的不同情况和不同需求，另一方面还要向不同市场的潜在合作方介绍泡泡玛特和各个 IP。对于这个问题，王宁给出的建议是"要打聪明的仗"。具体而言，海外授权可以先从比较简单的部分做起。比如，泡泡玛特在中国内地已经和优衣库做了联名，联名的设计已经被包括艺术家在内的各方都审核通过了，那是不是就可以先跟优衣库谈，再把这些设计引入其他市场。又比如，泡泡玛特已有的 LABUBU 已经跟 Vans[①] 做了联名合作，那是否有可能把这个合作同时也放到泰国的 Vans 门店？

听完会议后，王宁回到自己的办公室，和我说："你看，这就

---

[①] 范斯，是深受年轻人喜爱的极限运动品牌，尤其跟滑板运动和街头文化紧密绑定。

是一家公司日常运营的真实状态，非常具体、非常关注细节，而且所有的信息和问题都必须直接去面对，并且要尽快给出反馈，因为随后还会有更多的信息和问题涌过来。"

## 一个关于耐心的故事

我想，通过《因为独特》，你能看到一家创新公司是如何长出来的，在泡泡玛特之前，并不存在一家公司以这样的销售模式来卖一种毫无实用功能的产品，并且能够实现如此大的规模和体量。

你也能看到，并不一定要加入一场关于公认、关于趋势的大合唱，你也能够用自己的方式获得属于自己的成就。在所有人都认为移动互联网才是最大的风口时，王宁还在中关村开他的线下店，琢磨收银员到底应该坐着还是站着，音乐声音到底应该是 60 分贝还是 70 分贝这样的问题。

它还是一个关于耐心、关于常识和对成功的渴望的故事。虽然从数字上来看，这个故事已经有了一个不错的阶段性成果，但是这个故事里没有闪电扩张和快速成功。用王宁喜欢讲的一句话来说："它是尊重时间和尊重经营的结果。"

你要知道，这一切并不容易。

图 0-2 2023 年，访谈结束后，李翔和王宁于办公室合影

01

# 理解泡泡玛特

## 泡泡玛特不是什么

李翔：我想先问一些对公司来说偏宏观的问题，然后再追问一些细节。在见你之前，我上网搜索了很多关于泡泡玛特的报道。其实能明显感觉到，在 2021 年的时候，大家对泡泡玛特的讨论非常多，而且对"它是什么"的回答，也有各种各样的说法，毕竟它还是一个很新的东西。我就挺好奇，站在公司创始人的角度来看，你认为这家公司的形象应该是什么？

王宁：我觉得可以从不同的角度去看。如果就从潮玩这个行业来讲，大概在 2016 年，我们发现并推动了这个行业的发展。比如，我们推动的一些行业词语被大家认知，像潮玩、盲盒等；推动了营销方法的迭代；也推广了行业文化。它是一个很有意思的演变过程。单单拿"盲盒"这个词来说，它不是一个很神秘、很复杂的玩法。不管是在早年其他的商业模型里，还是在其他国家的商业模型里，它其实一直存在，而且都是很成熟的玩法，但在国内是由于我们的成功才推动了这个商业模型的发展，与此同时，"盲盒"这个词也被很多人熟悉。

开始时它是一个陌生的词语，很多人不知道什么叫盲盒。记得在 2016 年，我们告诉顾客，这是一个很有趣的营销方式。抽盲盒意味着也许会抽到喜欢的，也许会抽到不喜欢的。

那时候我们提出了一个理念"零售娱乐化"。意思是，我们不只是销售产品，还在销售娱乐。我们也不只是卖货，还在跟消费者建立一种情感联结，无论是开心还是失落，"抽盲盒"都是一种情感联结方式。我们认为这是一种非常好的零售方式。当时还需要去科普这个词语，但是到了后期，它就变成一个热门词语，几乎所有人都在讨论。再后来，它开始变成一个负面词语。

**李翔**：它开始有了偏负面的意思。

**王宁**：对，很多人把它妖魔化了。这在那个时间点发生有很多原因，可能是因为我们的 IPO，也可能是因为这个行业在快速扩张的过程中反而有更多的人不了解它，所以这些人滥用了这种销售方式。我觉得国内很多行业、很多词语的发展都会出现这种情况。

大家觉得盲盒就是泡泡玛特的核心，泡泡玛特就是靠着盲盒做起来的。后来很多行业都开始尝试用盲盒销售，哪怕卖机票也用盲盒这种形式。甚至还有人用盲盒去做一些不法的事情。

它从热门词语变成负面词语，再到现在大家冷静下来，开始意识到不是任何产品只要用盲盒的方式就能卖爆，核心还是盲盒里面的东西。因为用盲盒销售的方式太简单了，简单到每个行业、每个产品都可以用。于是这个词语重新回归到一个中性词的感情色彩中。这其实是一个挺有意思的过程。

李翔：像盲盒这种玩法，可以注册成专利吗？

王宁：它就像打折一样简单。打折这个方法谁都可以用。以前没有听说过打折卖的产品，突然有家公司说我这里打折促销，来我这儿买东西可以打9折或者8折，生意一下子变得很火爆。然后大家都看到了这个情况，就全部跟着打折。但是等到最后就会发现，不是说打折顾客就买了，顾客还是要看买的是什么东西，这个东西是不是自己需要的，以及是不是自己想要的。

盲盒之前是从一个人们没有听说的词语，然后突然流行起来。大家都可以用盲盒，我们还以"打折"举例，就像从奥特莱斯到超级市场，都可以卖打折的商品，但实际上打折并不是核心，它只是一种很简单的营销方式。

李翔：亚马逊的一键下单是可以注册成专利的，天猫的双十一也可以注册成专利。

王宁：我觉得更主要的是，盲盒在我们这儿不是核心，我们并不像奥特莱斯，其商业模式就是卖"打折"商品。盲盒不是我们的商业模型，好比我们只是奥特莱斯里边的某一个品牌，因为是所有品牌里面最火爆的，然后大家看到了就会想：你为什么卖得很火，是不是因为你在奥特莱斯打折啊？但这不是我们的核心。

李翔：所以你对盲盒的理解，其实就是一种营销方法或者说营销手段？

王宁：第一，我觉得这跟我们早期提出的"零售娱乐化"理念很契合，是对这个理念的核心执行方式之一。第二，我们之所以提出"零售娱乐化"，是因为我们认为不管是在当年的消费升级大背景下，还是在今天，大家都更加注重精神生活。大家都知道马斯洛需求理论，其实到最后大家都开始去更多地进行一些精神类消费。我们卖的这些产品多数情况下并没有实用功能，而是关于审美、艺术、陪伴的精神类产品，然后再加上一些娱乐化的玩法，我们希望这样的组合能够起到1加1大于2的效果。这是它的核心。

李翔：但是你也没想到"盲盒"这两个字会跟泡泡玛特那么紧密地联系在一起，甚至变成别人攻击你们的一个点。

王宁：对，现在我觉得有好有坏。大家甚至只要看见盲盒，就说这是泡泡玛特，或者也有人看到泡泡玛特就说，我要去买个盲盒。有一段时间大家模糊了潮玩、盲盒和泡泡玛特这三者，会混到一起讨论。

我觉得可能是因为我们创造了这个品类，也带动了这个品类。就像大家说起咖啡一样，在星巴克进入中国之前，国人很少有喝咖啡的习惯。星巴克进入中国之后，很多人会说，我去喝杯星巴克，其实他去星巴克就是去喝咖啡的。或者我会说，你帮我买杯咖啡，其实是请你帮我买一杯星巴克。消费者会混淆品牌和品类。我觉得这是品类创新者必须接受的荣耀和考验。

李翔：按照营销理论，追求的就是品牌代表品类。

王宁：对。

李翔：所以你会认为，泡泡玛特是什么？你肯定不希望让盲盒代表泡泡玛特吧？

王宁：我们更准确的定位还是潮玩。最起码在这个时期，如果用一个具体的词语来代表，肯定还是潮玩，只不过很多人并不熟悉我们。我们的真实用户知道泡泡玛特等于潮玩，但是你要想到，更多的人还是非用户。

李翔：其实就是很多骂你们的人是不买你们的产品的。

王宁：对。他会认为泡泡玛特是盲盒，或者说他也不明白什么叫潮玩，但他在新闻报道上看到的都是盲盒。你可以理解为，我们这家公司就像个艺人，旁边的人不知道这个艺人演了什么电影、唱了什么歌，但是如果这个艺人出了花边新闻，大家记住的就都是花边新闻。吃瓜的人看到的是盲盒，但真正的用户其实知道自己想要什么，知道喜欢的是 MOLLY、LABUBU 还是 DIMOO，这些 IP

就是潮玩，他们很清楚。

这是因为它是一个新品牌和新品类，成熟品类就不会有这种情况。比如，我是卖衣服的，顾客可能没有消费过我这个新品牌，但顾客会知道我是卖衣服的。对于一个新品牌和新品类，如果很多人没有买过，甚至还不理解的时候，就会停留在对它的想象当中。

## 潮玩从香港发展起来

李翔：在 2016 年你们开始做的时候，潮玩这个行业还没有很多人知道，甚至 2020 年上市之后，大家才发现有这个行业的存在。在你们开始做之前，国内有这个行业吗？

王宁：我认为，这个行业在我们做之前就已经有 20 多年的历史了。比如我们自己的核心 IP MOLLY，我们 2016 年签 MOLLY 的时候，它都有快 10 年的历史了。我们是 2010 年成立的，2010 年之前就已经有 MOLLY 的公仔。

所以就这个行业而言，你可以理解为这个行业刚刚出现，也可以理解为这个行业一直存在。如果我们泛泛来讲，你说三星堆出土的文物是不是潮玩？国人喜欢的貔貅是不是潮玩？如果把潮玩定义为审美类的、精神类的消费产品，其实这种形态是一直存在的，只不过每个时期都在变。可能三星堆时期是青铜器，有它特有的创作理念和表达形式。到了文艺复兴时期，就是大理石雕塑，换了一种材质和表达方式。绘画也一样，以前在墙壁上画，后来在布上画、在教堂的玻璃上画，材料和载体一直都在变化。

这一类是很纯粹的艺术，其实也是无用的。我觉得纯粹艺术在近现代慢慢变弱了，虽然学习艺术的人在增加，对艺术的普及和认知一定比过去好，但纯粹艺术的表达在减少、在变弱。这是由于艺术教育的普及，大家开始把艺术和设计融入现实生活的每个角落，我们的房子更漂亮、桌子更好看、衣服更有设计感。现在的年轻人可能很少会买一件纯粹的艺术品，比如一幅画或者一座雕塑。艺术家也很难靠纯粹的艺术生活，不得不把自己的画印到丝巾或者盘子上，让这些丝巾和盘子变成更受欢迎的产品。

我觉得很多行业都是这样。早些年音乐也是很纯粹的，消费者买的就是音乐本身，大家为音乐付费，但是现在单纯为音乐付费的场景在慢慢减少。音乐变成环境里的一个元素，比如酒吧或者咖啡厅里会播放音乐，它从主角变成配角，很多时候不能够独立存在。

实际上，一直有一些很纯粹的、小众的艺术家，他们还是想要做一些纯粹的艺术，因为艺术是一种表达，是艺术家对生活的表达。

那要怎么表达才能被更多人看到？我觉得就是要跟商业做结合，所以潮玩这个行业在香港变得很活跃，或者说一定程度上在香港诞生了这个行业。在香港这样一个很商业化的城市，很多艺术家就想，自己也得生活，作品得卖钱，他们就把雕塑的逻辑放到了版画上，产生了早期的潮玩。

为什么是在香港？我认为很重要的一个原因是，香港在 20 世纪八九十年代，经济和文化都处在一个非常繁荣的时期。你想想，那时候我们看的香港电影、听的香港音乐，都非常受欢迎。经济基础决定上层建筑，那个阶段是它的文艺复兴时期，自然诞生了很多商业和文化结合的形态，音乐也好，电影也好，也包括潮玩。

**李翔：** 把画做成了实物。

**王宁：** 对，但是对于实物，做个 1∶1 比例的雕塑销售，肯定不行。那是不是可以把它做小一点，少做一点，比如做 50 个、100 个试试？刚好香港又挨着深圳和东莞，这两个城市有足够成熟的、愿意帮艺术家做小批量生产的玩具工厂。

而且 20 世纪八九十年代，东莞和深圳已经是全世界最大的玩具生产基地。最早一批去东莞开工厂的，其实多数都是香港人。所以艺术家对材质、工艺比较熟悉，也有很多小的工厂愿意帮他们生产。早期他们用搪胶<sup>①</sup>制作，做出来很立体，颜色很丰富，线条很完美，又可以小批量做。而且，开模也很便宜，开个铜模只要一万多块钱，就可以完美地帮他们去做这种艺术的表达和小规模的商业化，于是这个行业就诞生了。

用铜质模具做一些搪胶类的作品，一开始就卖 50~100 个，慢慢到几百、几千个。香港的展览和展会很多，艺术家每次去参加这种艺术博览会和画展，就会卖一卖这些潮流玩具，慢慢成为自己的收入来源之一，也形成公众对自己作品的认知，之后就成为 IP。

①　一种在玩具行业广泛应用的工艺手法。

就像绘画一样，绘画其实也是慢慢形成了自己的 IP，梵高的画法、莫奈的画法、毕加索的画法都不一样，因为艺术就是追求独特，在追求独特性的过程中，这些 IP 就诞生了。

再到后面，也可能受到像奈良美智①这样的艺术家的影响，开始有人物类的 IP 进入玩具行业。同时也逐渐诞生出一些优秀的艺术家，这个行业开始有了演变，但当时还是非常小众。

**李翔：相当于说商业化的规模很小。**

王宁：很小。我觉得其实在一定程度上，是我们误打误撞把这个行业给点燃了，我们把它彻底商业化了。

## 用唱片公司来理解泡泡玛特

**李翔：总结下来，你们做了什么事情导致了这个行业的商业化？**

王宁：我们相当于是一家唱片公司。那些艺术家就好比几百年前全世界最好的钢琴家、小提琴家，他们的商业模式是在最贵的剧院卖最贵的门票给几十个人听。唱片公司的模式是把歌手的音乐录下来，卖到全世界，把音乐大众化。我们做了类似的商业化。比如模具，开钢模其实是很贵的，一套模具要一两百万元，这些艺术家是开不起这种模具的，或者说开了这个模具他们也没有信心算得过这笔账

---

① 日本知名流行艺术家，除了画作，他的作品也会被做成玩偶。

来，毕竟之前仅有几十个、几百个的销量。他们不可能花这么多钱去开工业模具，然后想象自己可以卖出几十万个。在艺术家的逻辑里，没有人会想象这件事情。

而且那时候潮玩一直都处在小众状态，在香港的店也都开在一些犄角旮旯的地方。这是一个小众的，甚至有点封闭的圈子，是缺乏想象力的一个市场。2016 年之前我们做这个市场的时候，人们也不理解。这就是为什么整个融资过程中没有太多人搭理我们，大家以为大人怎么可能会给自己买玩具呢！我们的潮玩，大多是成年人来买的，但是传统观念里 18 岁以后就不需要玩具了，也不应该买玩具了，玩具就是小朋友玩的。当时人们都认为这个市场是不存在的，说起玩具就是小朋友的玩具。实际上潮流玩具在香港叫 Art Toy 或者 Designer Toy，直接翻译过来就是艺术家玩具、设计师玩具，艺术的成分更多，只不过是用了玩具的材质，但是那时候大家没有看到这个市场和大众的需求。

所以，第一，我们帮它实现了真正的工业化生产，这是潮玩能够从独特到普遍的基础。第二，我们那时候已经有了一些现成的渠道。我们用我们的方式，把它推到了大众视野里，让大家知道这种东西其实不只是玩具，它还是艺术。它不是会蹦、会跳、会唱歌的那种玩具，它可能就是一个摆件，是一种陪伴，是一种艺术类、精神类消费，然后还有收集带来的满足感以及通过消费所彰显的个性。还有第三件事情，因为过去这个市场太小众，所以此前这个市场更多地专注于男性用户。

李翔：对，很多男生会买手办。

王宁：是，二次元手办，比如圣斗士、七龙珠、变形金刚等等。而且男生长大以后，还有不少人都会去捣鼓一些老古董、老音响，男生骨子里面就是会喜欢这种东西。

我们做的第三件重要的事情，就是把市场做了一个转向，从男性市场转换成女性市场。后来我们发现这个转向也很重要，因为男生买一个品类，只能把它买成爱好，而女生买，能把它买成一个产业，特别是消费品，这是很大的差别。我们发现小众的男性市场其实很难发展成一个大的消费群体，但是女性市场不同，这可能会对这个行业带来很大的改变。

那时候潮玩艺术家其实是稀缺的，所以你可以理解为，随着我们做完这几件事，在大家还不认为这是个大的产业、这些艺术家还没有被重视的时候，我们就把那些头部艺术家都签了下来。有这种设计思维的人并不多，就像不会满大街都是周杰伦，也许周杰伦20年只出一个，我们早期签的这些艺术家也属于这种稀缺人才。艺术表达本身就是一种很稀缺的、需要天赋的东西，它不是可以用理性计算出来的东西。所以很多人都会问："你们捧红了MOLLY，那是如何让这些潮玩艺术家诞生出来的？"我回答说："其实就好比在20世纪80年代，大家刚刚开始听流行音乐的时候，我们签了邓丽君、张学友、刘德华这些人。不是我们捧红的他们，是他们在香港早就已经红了。这些潮玩艺术家在潮玩领域已经是大神级了，只不过当年这还是个太小众的领域，大家还不知道而已。"

李翔：相当于是一个细分领域的大神。

王宁：对，我们在大家都不关注的时候，把这些大神全部签了下来，然后大家一起推动了潮玩市场的崛起。

李翔：**所有艺术家都可以成为潮玩艺术家吗？比如像村上隆[①]那样很受大众欢迎的艺术家可以成为潮玩艺术家吗？**

王宁：潮玩艺术家需要的是一种立体能力，是雕塑加绘画的能力。比如一位有名的画家能不能做一个潮玩呢？作为画家，他的平面能力一定很强，但如果他的立体能力不强，那就做不了潮玩。当然潮玩也在发展，比如说现在从潮玩里诞生出来的"平台玩具"。什么叫平台玩具？就是把玩具变成了一张白纸，大家可以在上面自由绘画。比如已经火了 20 多年的 be@rbrick[②]，还有我们现在做的巨型的 MEGA SPACE MOLLY。你会发现这些潮玩的形式没有变，它就是它，已经不需要对它的造型再做改变，但它身上的涂装是可以变化的，这个时候就可以让更多不擅长立体、只擅长平面的艺术家参与到这个市场当中。比如说草间弥生[③]，可以做一个浑身是波点的 MOLLY。

---

① 日本知名当代艺术家。他的作品融合了传统日本艺术和流行文化元素，形成了独特的超扁平风格。

② 日本 Medicom 公司在 2001 年推出的潮玩产品，又称积木熊、暴力熊。

③ 日本著名艺术家，其作品最广为人知的特点是对圆点图案的使用。

李翔：理解。刚才讲到工业化的部分，那时的艺术家用的是哪种模具？

王宁：早些年他们用搪胶多一些。搪胶有它的好处，开模具也会便宜一些。

李翔：所以后面你们开始用钢模，它的成本就高了。

王宁：对，玩具的材质也有变化。

李翔：之前看过你的一个访问说，如果要去盗版泡泡玛特，其实也是需要一点成本的，因为它的模具会更复杂一些。

王宁：对，要有模具成本。

## 潮玩天花板

李翔：在泡泡玛特开始做之前，其实在香港是没有诞生出一个商业化的组织来比较规模化地做潮玩的，可以这么理解吗？

王宁：你可以理解为，我们现在这种做法在全世界可能都算早的。

李翔：所以你们在世界范围内是没有同类的、可以严格去对标的公司？

王宁：对。有时候我在想为什么是我们，为什么其他公司没有做。我认为中国进入了红利 2.0 阶段，改革开放给了我们两个武器，一个是中国制造，一个是中国市场。中国制造已经被全球市场锻炼得很成熟，它可以制造出全世界一流品质的产品。然后中国市场经过这么多年发展，也在慢慢变大。

以前的困局是：在制造方面我们都是在给别人打工，只赚制造的钱；在市场方面是买很多进口的产品。而我们现在的形式是去全世界签优秀的艺术家，但是利用中国制造把产品生产出来，再利用中国市场把这些相对小众的艺术家孵化出来，然后到全球市场获得更大的销量和影响力。这种模式、这样的平台，是其他国家的公司很难做出来的。这有两个原因：要么市场太小，没法孵化这些艺术家；要么制造业不够成熟，孵化成本太高。我觉得是现在的中国给了我们这样一个机会，催生了这个行业。

**李翔：**刚才那个问题，我想再接着问一下，其实有一些公司，我相信它们具备工业化能力，它们也做玩具，包括孩之宝和美泰①，它们为什么没有进入潮玩这个领域，或者说它们可能想过进入这个领域，但为什么没有进入呢？

**王宁：**你提到的这些公司，我们一个一个来看。美泰是做儿童玩具的，核心业务是做芭比娃娃，它的定位很清楚，就是做小朋

---

① 为世界知名玩具公司。孩之宝最著名的玩具 IP 为变形金刚，美泰最著名的玩具 IP 为芭比娃娃。

友、小女生喜欢的洋娃娃。孩之宝可以理解为也做一些 IP 类的产品，比如小时候我们玩过的忍者神龟、变形金刚等。孩之宝还做了很多综合业务，比如变形金刚大电影。我觉得孩之宝跟我们稍微有些类似，但它早些年的定位还是以做玩具为主。

还有一个 IP 类别是二次元 IP，包括以万代 [①] 为主的公司在做各种各样的二次元动漫 IP，也包括 Hello Kitty 这种单一形象的 IP。最后一类是类似迪士尼这样的综合类公司，它通过电影去孵化 IP。以前我们认为所谓做 IP 的公司或者做玩具的公司，就这几类。

跟这些模式相比，首先我们的定位不一样，比如孩之宝和美泰的定位是儿童玩具，我们的定位是潮流玩具。其次我们更偏艺术和设计，潮玩的设计师都是来自各个国家的艺术家，他们原来可能是画家、雕塑家，我们就像是一个设计师平台，这跟它们有本质的区别。最后，我们的产品可玩性很低，更多是一种跟收集有关的产品。

当然，在商业模式上也有很大的区别。比如从渠道而言，我们都是自己开门店，相当于是直营门店，从生产到推广，再到营销和销售，都是自己做。而他们是做出产品，然后批发给别人卖。

我们跟做 IP 的迪士尼和三丽鸥公司（拥有 Hello Kitty 的公司）比，也有很大的区别，我们是一家更加开放的公司。以前国内做 IP 类的公司都是彼此竞争的关系，比如我想做一个跟 Hello Kitty 一样的超级 IP，那从第一天开始，Hello Kitty 和迪士尼就

---

① 日本最大的综合性娱乐公司之一，主要涉及动漫产品及其周边等。

图 1-1　2015 年，司德、王宁、肖杨赴日本探访三丽鸥总部

是我们的竞争对手。但我们是一个平台，除了艺术家在这个平台上，我们跟 Hello Kitty 是合作关系，我们可以帮 Hello Kitty 开发产品，我们也在帮迪士尼开发，帮哈利·波特开发，所以我觉得我们的商业包容性会更强。

李翔：潮玩这个行业你们肯定是最重要的玩家，但是一直这样的话会不会有个危险点，就是整个行业的天花板会比较低？

王宁：我觉得我们这个行业是一个延展性还算比较强的行业。我认为我们的行业不只属于潮玩，当然我觉得我们做潮玩有自己在商业上的壁垒。以我们现在的商业规模来看，大概一年卖 1 亿个潮玩，但未来不可能变成一年卖出 100 亿个潮玩，这可能意味着我国每个人每年都要买 7 个潮玩。因此单纯就潮玩而言，我觉得它当然有它的天花板。

每个行业都有天花板，但是我们这个行业的魅力在于，它又跟其他行业不太一样。我觉得我们跟迪士尼很像，本质上是一家 IP 公司。一定程度上，我们的潮玩相当于迪士尼的电影，它是通过拍电影来接触消费者，然后培养粉丝，形成 IP 和 IP 圈层，我们可能是通过潮玩形成 IP，而 IP 可延展的品类就很多。

你在我们的店里面可以看到围绕 IP 的各种产品。当然我们在做潮玩，然后还有一大堆衍生品，比如手机壳、充电线，此外我们还要做游戏、做电影、做乐园，它有很宽的边界，不是说可以把它定义到具体的某一个行业上。因为 IP 的延展性很强，它本身是一个无用的东西，但它可以放在任何有用的东西上，来提升那些有用的东西的价值。比如一个透明的杯子卖 5 元钱，印一个 MOLLY 就可以卖 10 元钱。IP 可以提升很多品类的价值，所以我们很难去探讨或者研究这个玩具能卖多少，天花板在哪里。你可以理解为潮玩有天花板，但它不是一个 IP 和一家公司的天花板。

李翔：理解。运营 IP 的话，也就是做 IP 授权和管理？

王宁：其实授权这块，国内现在除了迪士尼这类传统大品牌，应该就是我们了。因为我们有足够丰富的、有价值的和有影响力的 IP。

我们现在主要在做两件事情：一件事情是集团化，另外一件事情是国际化。我们现在相当于是基于 IP 的集团化，基于 IP 去做潮玩衍生品业务、授权业务，然后还有电影业务、乐园业务等。国际化就是把现有的这些产品和服务推到全球去。

## 做艺术的公司

李翔：我之前看材料的时候，发现其实对泡泡玛特这家公司的定位，你做过比较多的描述。你会讲它是一家平台化的公司，这应该是 2021 年左右的时候你提出来的，然后在 2020 年的时候也提出过它对标的是迪士尼，也经常会用唱片业的例子来说明这个行业。我好奇的是，现在这些类比和描述还成立吗？还是说你已经有了一些新的思考？

王宁：我觉得这些类比永远成立。我记得有一次去一个朋友家做客，他父亲有收藏的习惯，就在北京周边弄了一个巨大的仓库，收集全世界各地的石雕头像。当时我就在想，这不就是 MOLLY 吗，它是古代人的 MOLLY。

其实这个需求一直在，只不过它也在演化。而且我们认为它是有社会价值的。其实无用的艺术留存的时间比有用的东西更长。现在你去全世界的博物馆看到的东西是什么？都是无用的，都是设计和艺术。因为有用的东西先天就代表着它会退化，会被迭代。

李翔：对。

王宁：所以我们现在本质上是一家做艺术的公司，但是用商业的手段去做推广。这是核心，这是不变的。

李翔：其实，乔布斯也提到过你刚才讲的那番话。乔布斯对皮克斯的导演说，可能过几十年就已经没有人知道 iPhone（苹果）手机是什么了，但到时候还会有人看你的电影。我接着问，平台化是说它是一个设计师的平台，是吗？

王宁：对，你可以这么理解，艺术家的平台。

李翔：类比迪士尼的话是从 IP 这个层面来理解？

王宁：对迪士尼来说，我们认为它的核心和我们想要去学习的，当然是 IP。大家聊起迪士尼都知道米老鼠、唐老鸭，聊起我们也都是 MOLLY、LABUBU 这些 IP，大家都创造了自己的 IP。而且这些 IP 都是虚拟 IP，不是真人 IP，真人 IP 是另一回事，相当于是经纪公司的艺人了。

这种非真人的 IP 有它自己的可能性，可能 100 年之后，MOLLY 还是一个 5 岁的小朋友。它有它的长期性和延展性。延展性是指，真人 IP 的话，他的演出当然很火，但是得真人过去唱歌才行。非真人 IP 的话就可以同时出现在多个场景，这是一个很不一样的点，这方面我们跟迪士尼是比较像的。核心的理念我觉得也比较像，都在创造美好生活，都在做基于快乐、基于精神的事情。像迪士尼一样，我们也希望去做快乐的事情，去满足大家快乐的需求。

李翔：类比唱片行业，我的理解是，你希望用它来说明，你们也是把艺术家的作品工业化和规模化吗？

王宁：很多行业都有这种工业化和规模化的模式，但为什么我会提唱片行业，因为确实很像。今天的小朋友去学艺术，无非两个方向，要么学音乐，要么学画画，这是天然的。大家想起精神生活，要么听觉，要么视觉，但是听觉和视觉，说起来好像是产业，但它又不是产业，因为它无用。

你很难想象，几百年前一个农民或者一名战士，要为一个无用的东西花钱，比如你给他唱首歌，他给你钱。你会发现今天所有跟音乐相关的东西，包括唱片、演唱会，如果回到古代，大家想象不出来会有这样一个行业和这样的形态。它就是一种纯粹的精神生活，古代可能只有皇帝和贵族才能让人敲敲编钟，去看人跳跳舞，觉得这是精神上的高雅追求，但是实际上其他大多数人也有这个需求。现在大家认为音乐已经跟自己的生活分不开了，这是一种很神奇的，或者说很特别的需求，但如果回到一两百年前，多数人不理解为什么需要音乐。

我觉得这跟我们这个行业现在的阶段很像，大家会不理解买这个东西的原因，它不是一个充电宝，不是一个 U 盘，它没什么用，而且还挺贵的，那你为什么买它？就跟多数人不理解有人花那么多钱买幅画放在家里一样。可能因为现在这个阶段，大家还在为生计奔波，关注的是车子、房子这些基础的物质需求。但是对于我们，还是希望给那些愿意停下脚步的人更丰富的精神生活，不只是衣食住行，还要多一些能带来多巴胺、内啡肽的精神层面的东西。

## 艺术追求独特，商业追求普遍

李翔：对，除了物质层面，精神按摩也很重要。我看到你之前的采访里面也会讲，你们是在搭建行业的基础设施，这包括什么？线下门店？

王宁：包括行业的标准、行业的玩法、文化的推广、粉丝的认知，以及线下的渠道。

比如，因为我们上市了，大家才认为这是一个可以做大的行业，然后再去引导更多的人，做工厂也好、供应链也好，成为粉丝也好，参与这个行业。我们每年还会做全球潮流玩具展，这也是对潮玩文化的推广。我们也在帮助艺术家快速地参与到这个行业的整个流程中，比如艺术家完成了自己的平面作品，但是从平面到玩具中间还有很长的距离，其中的流程应该怎么来做，是需要我们来帮助完成的。

李翔：这个流程之前都是艺术家自己来完成的吗，比如MOLLY？所以在泡泡玛特之前，这个流程其实已经存在了，可以这么理解吗？

王宁：对，所以它的产量很低，一年只能有一个设计，要自己去盯工厂，自己做包装，还要自己卖。你可以理解为，如果有一天周杰伦需要自己去写歌词，需要自己去掌握录音流程，自己去设计专辑封面，然后自己去导演拍MV（音乐电视作品），那可能十年也出不了一张专辑。但是如果他只需要写歌、唱歌，其他流程都有专业的分工，做出来的东西可能会更好。

李翔：对，但也有一些控制欲很强的艺术家，干什么都是一个人。

王宁：对，但控制欲再强，他卖专辑总不能去菜市场或者餐厅门口一张张卖吧，还是得有分工。分工越清楚，可能他越能够专心创作。

李翔："潮玩"和"盲盒"这两个词语，在你们之前是没有的吗？

王宁：我不能够百分之百说没有，但我们应该是推广了这两个词，多数人是通过我们才对这两个词有了认知。

李翔：为什么盲盒这个模式在你们开始做之后就变得这么火，这个模式之前不是也一直存在吗？

王宁：我们的成功不是盲盒的成功，而是商业和艺术平衡的成功。艺术是追求独特的，但商业是追求普遍的，这是一个矛盾，而我们做的事情是尽量做到平衡。这也是我的性格，或者说我的追求。我做商业，但我不想去做钢筋水泥式的、太理性的商业，所以我一直想寻找那种带点"非理性因素"的商业。我们签了一群艺术家，这些艺术家又太感性了，因为必须独特才能成为顶级艺术家，所以我还得拉着他们去做一些普遍的事情，简单来说就是你不要只卖 50～100 个产品。这是我们要去做的一个平衡。虽然双方都有一些妥协，但这是一个方向。

李翔：那艺术家会不会很痛苦？

王宁：也不会，我们会引导大家。我最常用的一个例子是，就跟汽车设计一样，可能一上来所有的设计师都说我要搞像兰博基尼、布加迪那种看起来就很酷、设计感很强、售价也很贵的高端设计，但如果你认认真真地设计一台经典的桑塔纳轿车，或者去设计一台 iPhone，这也是大家可以追求和向往的产品，也是件艺术品。所以我们能不能设计好一个大家都用的东西？这是我们去跟艺术家沟通的方向。

李翔：有了苹果的例子之后，跟艺术家沟通就多了一个很有力的例子。

王宁：很多东西不见得普遍了就不是艺术，要做好平衡。

李翔：这个平衡是你来把握的吗？艺术家会提出一些他自己很主观但是强烈的要求吗？

王宁：我觉得是一种相互妥协吧。有时候我觉得这样做更贴近市场，但是艺术家会往回拉一拉说那样会更艺术。有时候艺术家做得太艺术了，我们也会拉一拉他，稍微市场点。

李翔：能举个例子吗？

王宁：比如我们第一次跟 MOLLY 合作推出的星座系列，共有两代产品。第一代有一款 MOLLY 是纯黑色的，然后我们就说这个不行，但是那时候为了尊重艺术家，还是做了，想着做出来看一看到底行不行。后来发现，大家确实只要抽到黑色就不想要，有些人甚至直接把它扔掉了。之后我们出了第二代，就去掉了黑色的设计。这时候艺术家发现我们是对的，也会向我们妥协。

当然也有相反的情况。还是拿 MOLLY 来举例子，我们那时候觉得 MOLLY 老嘟着嘴，而且没有表情，看起来有些木讷，我们就想，能不能把它做得更可爱一点，或者更有个性一些。但是艺术家觉得，它就应该是没有表情的，应该去掉情感，这样你开心的时候看到的是开心，不开心的时候看到的是不开心。

其实大家都是从相互妥协，到最后相互尊重，形成一个平衡点。包括我们去做商业化，如果碰到一个很好的设计，那我们是不是撒开了卖啊？也不一定。有时候大家追求的还有精神上的"我有你没有"，或者说"这个东西很少，但是我有"，这就属于在艺术之外，又叠加了一层独特性。这方面也是需要做平衡的，所以才会限量，不会撒开了卖。我们之前提出过一个理论叫"七分饱"，有的产品该停售就停售，或者有的产品就限量。你看 MEGA，每个系列都是限量的，这也是为了找到一个平衡点。

李翔：限量这个量是怎么定出来的？我一直很好奇这个问题。比如说耐克会有很多限量款的鞋，这个量到底怎么算出来的？

王宁：这是根据市场测出来的，慢慢你就会有感觉，这也属于行业运营经验。如果你做一个新品牌的运动鞋，你做 1 万双，那别说限量了，你连 1000 双都卖不出去，这 1 万双的大部分都成了库存。但可能对于耐克来讲，这双鞋只有 1 万双，就是个超级限量款，因为它的实际需求市场很大。随着每个阶段的市场规模和公司规模的不同，所谓的限量也都不一样。

## IP 的发现、生命周期和维护

李翔：你刚刚讲，艺术家坚持 MOLLY 应该是没有表情的，后来市场证明艺术家是对的，是吗？

王宁：我觉得每个 IP 都有它自己的坚持，如果它不坚持，MOLLY 就不是 MOLLY 了。

但是你也可以理解为世界是在变的，市场也在变。可能有一段时间大家会喜欢那些可以有情感投射的作品，开心的时候看到的就是开心，不开心的时候看到的就是不开心，但是也有一段时间，大家可能更需要的是陪伴类 IP，想找一些有更多情感共鸣的 IP，类似小野，让大家发现在这个世界上孤独的人不是只有我自己。这样的 IP 会产生强烈的情感认同或情感叠加，那么这个阶段这样的作品反而会好。

我觉得有点类似于每个阶段大家喜欢的画不同，你去博物馆会看到有描绘法国大革命时期的画，也有和平年代的画，比如莫奈的《睡莲》，或者就是风景画，表达每一个时代的精神价值的画，都是不一样的。这也是为什么我们做的是"艺术家玩具"。

李翔：对。但是如果要求一家公司总是能够捕捉到这种时代潮流或者时代精神的变化，然后再以潮玩的形式把它表现出来，其实还挺难的。

王宁：平台化可能会好很多。就算我们没有及时捕捉到最能够影响大家的 IP，但是因为我们的平台化，因为我们开发产品的工业能力，因为我们的渠道能力和市场能力，突然一些 IP 火了，我们可以马上去跟这个 IP 合作。平台化会帮助你获得和这个世界上最流行的 IP 合作的机会。

李翔：比如卖多少就可以开一个模具了？有这种最小单位的测算吗？

王宁：每个时期都不一样，在我们规模小的时候可能两三千套就可以，因为公司小，我们觉得这个数量已经挺赚钱了。但是公司大了之后就不同了，就和手机行业一样，对于小公司，搞个充电宝、搞个手机壳，卖卖也挺好，但是当公司规模变大的时候，会被要求注意力更集中，要去做更有价值、更集中和更头部的事情。

李翔：这样的话它会不会失去那种敏捷性呢？因为比如 2000 个就可以卖，其实是很敏捷的，也能够更快地通过销售反馈来知道市场喜欢什么。

王宁：阶段不一样。当公司大到一定程度，成为绝对龙头以后，会出现两个变化。第一，公司有了更强的设计和审美经验，其实会比别人更早一步筛选出好的设计，比如你会发现当别人还都在找这种可爱的 IP 时，我们其实已经在找那些更有个性的 IP 了。我们为什么能每一年都推出一些不一样的 IP？就是因为我们拥有更成熟的经验。第二，当公司到了一定规模以后，就有了影响行业的能力。就像"星"女郎、"谋"女郎，因为导演有经验和影响力，所以拍完电影以后这个女生就变成明星了，而不是说她之前就是明星。

李翔：在这个平台上，制造加上渠道，可以同时支撑多少个小的 SKU 的尝试呢？

王宁：其实我们不是非常追求 SKU 的数量。话说回来，闭上眼睛让你数迪士尼的 IP，你也数得过来。

李翔：屈指可数，是吧？

王宁：对，所以我觉得对我们来讲，头部 IP 的价值还是很重要的。每年都有新 IP 诞生当然很重要，但怎么持续做好头部 IP 的价值可能更重要。所以我觉得 IP 数量不是一个特别重要的指标。

李翔：你们会怎么考虑 IP 的生命周期，一个 IP 的生命周期可能会持续多久？

王宁：在我看来，一个 IP 的生命周期取决于公司对它的投入，以及这个投入是不是健康的、可持续的。比如说米老鼠，这个 IP 已经存在近 100 年了，现在还是占迪士尼收入的很大一块。为什么它能一直存在？因为迪士尼还在对它进行持续投入，现在的小朋友还在持续认识它，知道它叫米老鼠。迪士尼通过多维度的持续投入，让它出现在人们生活中的很多角落，让它影响人，然后一代一代人都喜欢它。

如果公司对这个 IP 不投入了，无论它当年多火，都可能会受到影响。比如几年前《哪吒之魔童降世》的动画电影，它卖了 50 多亿元的票房，是最红的动画电影，但是如果过了好多年一直没有出第二部，它就在人们的视野中消失了。相反，如果它过几年出了《哪吒 2》，过几年又出了《哪吒 3》，而且都是赚钱的，那它就是可持续的、健康的。就像《星球大战》一样，一直拍到现在，有十几部电影，因为相关公司一直在投入，它就可以变成一个稳定的、长期的 IP。我觉得这是 IP 发展的逻辑。

李翔：如果电影跟你们合作，你们来帮它做潮玩部分的投入，应该也是可以不断被人看到的，是吧？

王宁：我觉得方式方法不一样。电影的方式方法是每隔一段时间出一部新的电影。《冰雪奇缘1》《冰雪奇缘2》，过两年再出《冰雪奇缘3》，持续地让艾莎这个 IP 保持活跃。对我们而言，也是一种一直投入的方式，比如 MOLLY 出新系列了，LABUBU 出新系列了，也是持续投入、持续唤醒，让它反复出现和活跃。

李翔：以电影为例，确实会有艺术家跟商业之间的平衡，可能导演作为一个艺术家，其实不太愿意拍续集，因为感觉会缺乏一些独创性。

王宁：持续投入有很多种。比如哈利·波特，可能电影没有办法继续投了，但是可以做主题乐园。这也是对它的投入，因为开个乐园成本也很高。

李翔：对，但那确实超出了艺术家个人能力的范围。

王宁：是，但是你得对它持续投入。

## 品牌的语言和系统

李翔：你之前的采访里面有一个说法，我觉得还挺有意思的。当时你提到盲盒，会认为它是一个类似于乐高那样的语言和系统。

王宁：是的，之前你也问过我当初为什么会做盲盒，其实我们在做很多事情的时候都会这样考虑。有时候我会问，一个民族为什么要有自己的语言，就是因为语言是最好的文化传播和文化沉淀的载体。所以那时候我们就倾向于去找，看能不能有一门自己的语言。好的品牌都有自己的语言，乐高有，星巴克也有。然后我们就选择了盲盒，诞生了一系列围绕盲盒的玩法和流行词，包括抽盒①、摇盒②、端盒③、端箱④，还有隐藏款、热款⑤、雷款⑥。这些都算是行业语言，你会发现它们的诞生帮助了一种文化的传播和沉淀。

李翔：这个主意当时是谁想出来的？我觉得还挺厉害的。

王宁：那时候我们就是去学习乐高，认为乐高就是一个体系和语言。

李翔：现在泡泡玛特的体系和语言里，盲盒肯定是很重要的一

---

① 指随机抽取一个盲盒。

② 指晃动盲盒来感受盒中玩具的形状、重量等，以此来判断盲盒中是什么玩偶的行为。

③ 指一次性购买一整盒盲盒产品的行为，这样可以避免单次购买时出现重复玩偶的情况。

④ 指一次性购入整箱盲盒的行为。

⑤ 热款指盲盒中受欢迎的款。

⑥ 雷款是指大家都不喜欢的款。

部分，除了盲盒，可以被用户直接感知到的，还有什么吗？

王宁：有很多你听起来可能觉得奇怪的语言，比如说限时不限量，400%、1000%①。大家现在一说都是我要买个1000%。本来这是个很虚的词，什么叫1000%？你的对比是什么？其实相当于把7~8厘米的尺寸视为标准尺寸，比它大4倍就是400%，比它大10倍就是1000%。现在这种体系和语言会渗透到我们很多的产品和业务线当中。

李翔：用户能感知到吗？

王宁：能啊，400%、1000%，用户也会这么讲。用户还有一个说法叫娃友②，还有入坑③，各种各样的入坑。

李翔：除了乐高，你认为还有哪些品牌或者公司有自己的语言和系统？

王宁：我们学习也好、对标也好，更多的是两家公司，一家是乐高，一家是迪士尼。

我们把乐高定义为一家基于产品的设计、开发和销售，搭建出一套体系的公司。迪士尼是基于IP的公司，它创造IP，然后

---

① 泡泡玛特MEGA产品线中的两个产品型号，直观表示不同的潮玩尺寸大小。

② 喜欢潮玩的朋友以娃友互相称呼。

③ 指专注地投入某一件事情。

基于 IP 去做变现。这两家公司，一个玩实的，一个玩虚的。

今天的泡泡玛特，你可以理解为乐高的比例在逐渐降低，之前更像乐高，生产产品、做营销、做渠道、卖货，然后开始逐年一点点降低，而非产品类的，以 IP 为核心的东西开始增加。

李翔：你要做这个转变，也就是从卖货、卖实体产品到运营 IP 的原因是什么？

王宁：因为我们跟乐高比，有一个先天的优势，乐高只沉淀了语言和产品，我们沉淀了 IP。我们的产品火了以后，大家知道这个 IP 叫 MOLLY。也就是说我们天然有迪士尼的属性，只不过迪士尼是通过电影沉淀 IP，我们是通过潮玩，所以我们有更大的可能空间，这是不一样的。就像迪士尼沉淀出来的 IP 米老鼠，拿着米老鼠可以跟产品公司去合作，印到瓶子上、杯子上，但乐高不沉淀米老鼠这种 IP，你总不能在杯子或者瓶子上面印点方块吧。

李翔：我觉得，像抽签、限量版这种，其实很"耐克"，耐克对鞋子的玩法就是这样的。

王宁：玩法不重要，我觉得太多人探讨玩法，而且只是探讨玩法。玩法有千千万万，盲盒是一种玩法，抽签是一种玩法，打折促销是一种玩法。本质上要看我们对消费的理解。消费其实就解决两个问题：一个是满足感，一个是存在感。满足感是基础的，也许是物质满足，也许是精神满足。存在感就属于，你需要告诉别人你是谁。拿你来说，你为什么有这个发型，为什么买了这副眼镜，为什么穿这样的衣服？如果因为近视，所以你戴眼镜，这就是满足了一个需求。但如果因为你是一个有文艺气息的人，所以你穿干净颜色的衣服；因为你是有潮流感的人，所以你戴这种简单的黑框眼镜，这就是存在感。

所以我说消费就是两件事情：满足感和存在感。你说的限量也好、抽签也好，还有其他玩法也好，是为了让产品有更强的满足感或者更强的存在感。限量抽签，他买到了，他会觉得自己与众不同，很酷。穿的这双鞋别人都没有，自己的存在感更强。本质和逻辑是一样的，有些人每天满脑子都是方法层面的东西，去批判这家公司在搞打折促销，那家公司在搞抽签，还有家公司在搞限量营销，或者说饥饿营销。方法层面的"术"可以有很多变形，但并不值得大家去探讨和研究。

## 下沉、巡店和消费升降级

*李翔*：你现在是待在办公室多一点，还是在外面多一点？

*王宁*：我一般周一和周二在办公室多一些，后半周出差会多一些，巡巡店。上个月（2023 年 7 月）去了英国和法国巡店，我们现在海外业务也比较多，都去看一看。国内的话，我上周（2023 年 8 月）和几个同事一起自驾开了 3000 多公里，4 天去了 11 个城市，从北京出发，先是去了雄安、保定，然后是淄博、济南、德州、济宁、

青岛、潍坊、临沂，整个山东看一看。我去的很多地方都有我们的店。我是一个特别喜欢逛街的人，逛街可以看到很多商业上的东西，什么正在流行，什么正在被淘汰。

李翔：你们上周自驾跑了一圈的目的是什么？是巡店，还是看看下沉市场？

王宁：都有吧。有些门店，比如潍坊、临沂的门店，不自驾的话，巡店效率很低。如果坐高铁，一天最多去两三个城市。自驾的话，我们每天可以走三四个城市，这边看完马上开车到下个城市。我们也想去看看下沉市场的状况，城市的状态、消费者的状态、购物中心的状态，当然也看看我们自己门店的状态和门店的管理问题。

李翔：你们现在还没有做严格意义上的下沉吧？

王宁：可能县级的没有做，但现在国内快 400 家店了。拿这次去的城市来说，临沂、潍坊、淄博、德州，这些地方都有我们的店。

李翔：嘉御资本的卫哲有一个说法，如果要做一个国民级的消费品牌，一定要占领"山河四省"的市场，也就是山东、山西、河南、河北。山河四省加起来有 3.1 亿人。

王宁：理解。我这种巡店就是特种兵式的，最辛苦的是最后一段，早上从济宁出发，然后一路开回北京，基本上一天都在车上。从早上9点一直到晚上8点半开到北京，大家轮流开车。

李翔：到这些城市，就是直接去商业区吗？

王宁：对，到商业区看购物中心。

李翔：有什么好玩的事情吗？我端午假期的时候回了一趟河南老家，我有一个比较惊讶的发现，蜜雪冰城①其实在那边开了很多店，我就问一个亲戚喝不喝蜜雪冰城，然后得到的反馈是，蜜雪冰城的产品太贵了。当时我还挺惊讶的。他们认为蜜雪冰城是一个品牌，加了品牌溢价，然后本地有一些公司能做出更便宜的奶茶。只要你开始竞争性价比，就一定会有人做出更便宜的产品。

王宁：我相信在下沉市场，肯定有很多模仿者，包括泡泡玛特，也有。

我最近其实有一个想法，过去大家会从消费者的角度有很多讨论，比如当年很多人说是消费升级，今天很多人说是消费降级，还会有人专门举出无印良品和优衣库的例子，年轻人喜欢无印良品和优衣库这样的极简风格的衣服。我其实想问的是，像这种极简主义的装修、极简主义的衣服，到底是一种更高级的精神追求，是一种文明升级，还是一种文明降级？你觉得呢？

---

① 中国最大的线下连锁茶饮品牌，截至2023年9月30日拥有超过3万家门店。

李翔：我觉得是一种升级。

王宁：我以前认为是升级，现在的想法会有变化。

李翔：为什么呢？

王宁：你说它升级是对的，说它降级也是对的。但我觉得它更像是一种最优解的自我和解。什么意思呢？拿装修来举例，这一面墙如果要做成华丽的法式装修，需要 100 万元，但是可能有人想只花 10 万元也做出法式的效果。在某个阶段这样做也是一种升级，因为本来就是一间普通的房子，现在我愿意花 10 万元来做一个法式装修。20 世纪八九十年代，大家很追求那种法式风格，它确实也是一种审美提升，只不过后来年轻人觉得这样做太俗了，花了 10 万元，结果做得不伦不类，线条又很复杂，那还不如拿 10 万元认认真真刷最好的白漆，干干净净，这样就诞生了我们说的极简主义。除了极简主义装修，还有极简主义衣服、极简主义生活用品等。

但我为什么说是一种和解呢？就是当我看到 100 万元装出来的这一面墙的时候，发现它还是很美的。只不过当年你追求的是用 10 万元实现 100 万元的效果，所以结果会让人觉得很俗。但是如果你只有 10 万元预算，那就自我和解，用 10 万元做出 10 万元以内最高级的效果。这就好比你去吃一顿超级大餐，它肯定还是好吃的，但是现在你把预算砍到十分之一，那好吧，那我们就去吃一碗最精致的牛肉面，我们的要求是面一定要好、牛肉一定要好、汤一定要好，简简单单，而不是里面加这个又加那个，搞得很复杂、很俗气。

这是我最近对消费的一个感受，不见得是绝对的升级或者绝对的降级，我们可以理解为都是在升级，但从实际预算来看，它又不是在升级。我觉得这跟阶段有关，可能不同阶段大家的理解不同。从某个角度来看确实是在升级，因为我想清楚了，我就 10 万块钱，我不去追求那些看起来浮华的东西，反而是把最简单的东西做到极致，这也是一种升级。但是如果你给我 100 万元预算，有可能我会做出来更好的东西。

这就是为什么你会发现，世界上这两种品牌都存在，且这两种品牌都发展得很好。一种是类似于优衣库和无印良品这样的品牌，另一种就是 Dior（迪奥）、LV（路易威登）这样的奢侈品品牌，这两种品牌都在快速发展。

## 品牌是有代差的

*李翔：泡泡玛特是消费升级还是消费降级？*

*王宁：* 我们在本质上肯定是一个升级类产品，因为潮玩本身是一个非实用类产品，它本来就是精神类消费。

我觉得品牌是有代差的，就跟科技是有代差的一样，有时候审美、生活方式，包括我们对品牌的很多理解，都是有代差的。前段时间我还在内部分享，我在伦敦出差的时候，看到一个电视采访，采访中有人很随意地说了一句话，让我感觉还挺不一样的。他用了一个词，我觉得这一个词就代表着我们对品牌的理解有代差。

现在这个时间点，我们用得最多的词是"生活方式"，我们解决了温饱问题，然后开始追求各自的生活方式；也有些人会用"活在当下"，这是咱们最近几年最常用的词；还有一个我们用得很多的词是"享受生活"。这些是最主流的，无论你说高端品牌也好、消费升级也好，或者要犒劳自己也好，都会讲"活在当下，享受生活"。但是他用了一个什么词呢？他用的是 celebrate life，意思是"庆祝生活"。我突然就特别感动，这是个更高维度的生活态度。

李翔：确实是。

王宁：在国内很少有人用这个词去描述品牌，或者说去描述我们的生活。我们从来不说，或者也很少说要庆祝我们的生活。享受生活都已经很不容易了，我们还没有达到要庆祝每一天，庆祝这一顿饭，庆祝我们的生活状态。所以听到这个词的时候，我突然就觉得，消费也好，审美也好，品牌也好，是有代差的。

这个词很高级，很特别。你今天劝别人买东西的时候会说："哎呀，别想那么多了，享受生活吧，多买几瓶酒。"但是其实庆祝的时候，你更不在乎，可能你买的酒更多。这就是人家对品牌的理解，比我们高一个维度。

李翔：我最近也感觉到，欧洲确实有一种跟中美都不同的生活方式。最近大家会转发一个段子：美国人给欧洲人发邮件说，我们的经济增长比你们好，我们的失业率也比你们低，所以我们又赢了。美国人收到的是欧洲人的自动回复：对不起，我现在正在休假，没有办法马上回复你的邮件。

王宁：什么叫代差，我在内部还分享过一张用手机拍的照片，我走在法国一条普通的大街上，看到天桥底下有很多流浪汉。他们没有家，只能在桥底下搭帐篷，但他们会花时间用一些花花草草装饰那个帐篷，我觉得这是我那段时间在法国拍到的最具正能量的一张照片。这就是生活观念的代差。

我觉得我们未来也会更多地去追求精神上的消费，或者说非刚需性的消费会更成熟，大家会花大量的时间去博物馆、美术馆，去听音乐会、看歌剧。我觉得人生应该是这样的。

李翔：但是欧洲这么多年来并没有诞生特别多的、很抢眼的新品牌，是吧？

王宁：全世界最好的品牌都在欧洲，像优秀的奢侈品品牌几乎都在欧洲。

李翔：你在欧洲，本地人对你们这个品牌会有什么感知吗？

王宁：我们在英国有一家40平方米的店，年销售额可以做到2000万元，是我们全球坪效最高的门店之一。我去法国门店巡店，也让我挺感动的，因为放眼望去，你发现店里面90%以上的顾客都是外国人。也就是说它不像中餐馆，即便开在欧洲，来这儿吃饭的大多还是中国人。并且，买我们产品的绝大多数外国人不是因为便宜才购买。我们的同事说："外国人的第一反应是，这东西为什么这么贵？"

李翔：很贵吗？

王宁：在欧洲应该比国内贵一倍左右吧。然后我们的同事会告诉他，这是一件艺术品，然后他就发出"噢"的一声，开始欣赏。他们属于那种愿意为你的设计和艺术买单、为 IP 买单的消费者。还有第二个问题，他们会问："你们是不是一个日本品牌或者韩国品牌？"当我们的店员说这是中国品牌时，他们会无比惊讶，说："中国还能做这样的东西？"

欧洲人的平均收入在世界范围内肯定是较高的，但是平均每个人两万人民币的月薪，也支撑不了他们经常跑到中国旅游。他们对世界的理解，就跟我们不太了解阿根廷人或者墨西哥人的生活状态一样，也许我们很多人这一生都不会去一趟墨西哥，所以大家对很多国家、地区和产品的认识都是很片面的。他们会惊讶中国可以做出来这么精致丰富、有设计感和艺术感的产品。我觉得在这个层面上，我们还挺骄傲的。

其实能出海的中国消费品牌很少。餐饮品牌会多一些，比如奶茶、中餐等。但是像中国本土的服装品牌，你到海外能开几家店？国外消费者能不能认同你？

李翔：一些中国的电子消费产品在东南亚做得也不错。

王宁：至少我在欧洲看到的中国品牌很少。我们今年（2023年）在海外估计至少能做 10 个亿的生意，明年至少还会翻一倍。给我们几年时间，我觉得我们应该是中国最具有代表性的、能够出海成功的消费品牌，而且是很有文化属性的消费品牌。

## 壁垒和投入产出比

李翔：我相信很多人问过你，泡泡玛特这家公司的壁垒是什么？我记得你之前的回答是：一是团队，二是 IP 和艺术家。现在你还这么认为吗？

王宁：在我看来任何一家公司的壁垒，要么就是硬壁垒，要么就是软壁垒。

泡泡玛特的特点在于，首先我们做了很多"实"的事情，不管是供应链、渠道，还是很多团队积累的事情，而且做的时间足够长。我们的团队看似年轻，但实际上这家公司已经做了 13 年。我们对这个行业的理解，以及在运营本身上的积累都是充足的，因为从做产品到开实体店，都是很注重细节、很具体、很复杂的事情。

开好一家店很不容易，都是细节问题，从最开始你想在什么地方开店，到每天谁来开门、谁去关门、谁来收钱、钱放在哪儿，货怎么摆、怎么配货，店里怎么服务。这些财务的流程、货的流程、服务的流程，标准怎么统一，甚至还有卫生怎么来打扫，谁监督、怎么监督。这是一个需要无数次迭代和无数个小细节积累的过程。

所以我常常说，别人看到的泡泡玛特，是一个阿丽塔①一样的美女，但是你撕开她的皮肤，会发现全部是很精细的零部件。我们的运营体系里面都是很关注细节的东西。人的积累、运营的积累、实践的积累、对行业理解的积累，以及资本的积累、上市等等，积累了这么长时间，这是硬壁垒。

其次还有软壁垒，我们做的是关于艺术的东西，那些艺术家不是你花钱就能再造的。

李翔：其中大部分应该都是可以用钱来解决的吧？比如回到 2018 年、2019 年市场上资本非常充裕的时候，竞争对手有可能用钱来解决这些门槛和壁垒带来的障碍吗？

王宁：当然你可以说任何事都能用钱来解决，但是其中也有一个因素叫投入产出比。你可以用钱解决这个问题，但它还是不是商业？就好比我的这张桌子，通过我的经验和努力，50 块钱生产出来，我可以卖到 100 块钱，我能赚钱。你说你也可以，你做一张桌子花了 5 万块钱，也卖 100 块钱。你确实也做出来了，但问题是这就不是商业了。

我觉得这几年死掉的很多消费品企业，都是死在投入产出比上的。前一段时间我还上了一个很有意思的课，是讲《孙子兵法》的。《孙子兵法》其实就七个字：计、策、谋、韬、略、献、算。这七

---

① 知名科幻动漫 IP。

个字的大概意思是：计是统计信息，策是想方案，谋是得找到合作伙伴，韬是指要有 Plan B——失败以后怎么来应对，略是指目标，算指的是考虑事情是否有胜算。我觉得最有意思的是"猷"字，多数公司都是死在"猷"上，"猷"就是讲投入产出比。这场仗对方只有 100 个人，你花 1 万个人的兵力把这 100 个人干掉，跟花 10 个人的兵力干掉，虽然都是打胜仗，但这有本质的区别。多数人就死在用 1 万个人去打赢 100 个人，最后你会发现付出的代价比胜利带来的好处更大。

这个逻辑可以回答你"是不是用钱可以解决壁垒"的问题。我找最贵的设计师设计门店，找最好的广告公司帮我去打造品牌，可能本来花 100 万开一家店就可以了，但是我花了 1000 万来做这家店，肯定会有很多人排队来买，但是你会发现这件事不可持续，这不是一个正常投入产出比的生意，已经违背了商业的逻辑。以前做互联网的时候你可以用这种逻辑，但实体商业不是这个逻辑。

李翔：你们有严格意义上的竞争对手吗？

王宁：其实你在市场上也可以看到，我们不是一家神秘的公司，我们是一家开门做生意的公司。

李翔：对，其实是明牌。

王宁：我们卖什么、怎么卖，什么卖得好，每一天的情况公众都可以知道，但是我们都已经干到第 13 年了，你会发现实际上并没有真正意义上跟我们形成竞争的所谓"行业第二名"的公司。

我们做到第十年时候，因为上市，我们所有的数据都明明白白地公开了，那个时候一群人冲进这个市场，甚至一些其他行业的成熟公司也进来了。到现在三年过去了，你会发现仍然没有出现一家能跟我们形成核心竞争的玩家。很多公司死的死，转型的转型，所以这件事情的门槛，比它们想象的要高得多。

李翔：为什么呢？感觉它变成了一个很奇特的行业状态，除了你们，其他人很难再以一个比较规模化的方式做出一家这样的公司？

王宁：当然它也不是一个巨大的行业，不像电动车、智能手机或者互联网，行业大到可以承载很多家大公司。中国的市场很卷，我常常形容说，中国的市场就好比所有人都在一个黑洞里面，然后只要发现哪儿有一丝光亮，所有人都往那个方向冲，先不管这个光的方向是一道缝隙还是一个出口，反正冲过去再说。可能多数情况是冲过去，发现只是一条缝隙。当然，也可能冲过去确实是个洞口。比如直播带货，它确实可以容纳 100 万人成功，那它就是一个大的洞口，但很多行业其实就是一条缝隙，它可能就只能够让一个人在那儿挖 10 年，然后自己爬出来，等多数人过去再要挖的时候，发现这条缝隙已经被前面的人给占住了，可能后来的人等不及，就去其他地方了。

李翔：所以潮玩行业就像是一条缝隙？

王宁：跟直播带货比的话，最起码现在来看，它不足以容纳100万人在这个行业里成功。

李翔：所以是个易守难攻的行业，只要你站到那儿了，就很难被竞争撼动？

王宁：也可以这么理解。

李翔：之前其他行业的竞争，有非常惨烈的情况，比如会在竞争对手的办公室旁边租一间办公室，就是对标去挖团队。你们有遇到过这种竞争吗？完全对标着去挖团队、挖艺术家？

王宁：有啊。有一家公司这样来跟我们竞争过，它那个时候就在我们旁边租了办公室，只要是泡泡玛特的人，愿意走的，它会开两三倍的薪水挖过去。

李翔：即使是这样也不行？

王宁：这13年走过来，我自认为我们的团结力和管理能力还算可以，应该算是新锐公司里，管理层非常稳定的。别的公司来挖人，不是说给几倍薪水就能挖走的。再说了，一路过来，我们对兄弟们也都不错，大家还是比较团结的。所以竞争对手挖不走经理以上的人，只能挖走经理以下的人。

当然可以说，挖个经理以下的人也行，但是你要想，他为什么给你两倍、三倍的薪水？是因为他把潮玩这件事当作一个生意，他觉得这是好的生意，所以说我来挖你，给你两倍、三倍的薪水。

那你自己要想一下，他把潮玩当作一个生意意味着什么？最简单的，生意人比你更会算账，等到他最后发现算不过来账的时候会怎么做？其实很多行业都发生过这种情况。一个人因为觉得这个事好像是个不错的生意，所以冲了进来，但如果他觉得这仅仅就是个生意的时候，他一上来就输了。把它当生意，所以他要算账。他可能今天不算账，明天也要算。当他算账的时候就很难真正有一个长期愿景，去成就一个品牌和一家企业。我觉得这是本质的区别，很多人都在说企业家精神，我自己的理解，企业家精神就是愿意为长期价值去付出。

现在我们可以坐在一起谈笑风生，去复盘泡泡玛特是怎么做的，但其实这是做了无数次选择的结果。实际上这十多年，我们先不说遇到了多少创业的艰辛，你就想这十多年遇到多少诱惑？比如我们要不要做奶茶？要不要做气泡水？要不要做社区团购？要不要搞 NFT ？

李翔：NFT 确实是离你们最近的。

王宁：真的是诱惑太多了，有无数像"生意"的东西出现。甚至在我们自己的事情上也是，比如要不要搞加盟？要不要把店开到县里边？要不要做更多、更复杂的授权？有无数个生意上的诱惑。如果只从生意的角度、赚钱的角度，或者说充分商业化的角度考虑，那我们可能早就死在之前的某一天了，或者至少我们也就不是我们了。

所以，我认为团队是我们的一个竞争力。这个集体带来了一种意志和文化，这种意志和文化造就了我们拒绝诱惑、践行长期主义，以及更加专注地去做我们认为有价值的、商业和艺术平衡的、我们擅长和喜爱的事情。

## 如何发掘 IP

*李翔：你在用音乐行业举例子的时候说："制造周杰伦的能力是稀缺的。"如果要描述这种能力，它是什么能力？这种能力有可能被一家公司具备吗？还是说它本身就是艺术家自己很独特的东西，因此就很难被一个组织拥有？*

王宁：因为我们公司已经具备了现在的能力，因此可能市场上很多艺术家首选的合作者会是我们。你已经成为全世界最大的唱片公司，头部的艺术家肯定会选择与头部的公司合作。当然从我们的视角出发，我们也会去找头部的艺术家合作。

这是一种双向选择，你会发现我们对头部艺术家的吸引力越来越强，虹吸效应越来越明显，最起码这几年下来这个能力没有减弱。

*李翔：肯定是公司越大吸引力越强，因为公司掌握的资源更多，可以给艺术家的帮助也更多。*

王宁：还有相互欣赏。整体上公司也具有被设计师认可的审美，以及强大运营能力。

李翔：唱片行业也有分工，简单而言，会有很多独立的唱片公司去发现、发掘有独特性的艺人。当这些艺人取得了一定的成功之后，大唱片公司再把他们挖过来，利用自己的渠道和各方面的能力，再让他们获得更大的影响力。

王宁：对，我们其实也投资了很多小创业公司。

图 1-2　2019 年，王宁和 LABUBU 创作者龙家升、
How2Work 主理人 Howard 在泡泡玛特总部

李翔：潮玩这个行业已经有了这种繁荣的生态和分工吗？

王宁：对，比如香港最大也是我们认为比较好的一家艺术家挖掘和孵化公司 How2Work[1]，就是我们投资的。它有很好的艺术审美和艺术家挖掘能力，也是奈良美智作品公仔的核心合作伙伴。在内地，我们也投资了几家，比如猫宇星河[2]。我们会通过投资参与很多我们认为做得不错的工作室。与此同时，为了更灵活，我们内部也会设立工作室，在公司大的 IP 部门之外，一些还挺有审美的设计师可以单独成立工作室。

李翔：发掘或者发现一个 IP 的过程是什么样子的？有点类似于球探那样的吗？

王宁：你可以理解为是一种资源匹配的能力，举例来讲，就像抖音怎么挖掘一个网红。

李翔：抖音应该是它的算法系统能够识别出来，然后再匹配更多流量给这个人，形成这样一个循环。

王宁：其实就是资源匹配，突然发现大家喜欢看这条短视频，转发很多、点赞很多、停留时间也很长，那我就给它更多的流量，

---

[1] 一家成立于 2001 年的潮流玩具品牌，设计销售过包括《头文字 D》《投名状》等电影的人物玩具，也制作过包括奈良美智、幾米等画家作品的潮玩。

[2] 一家深圳的潮玩孵化品牌。

让它被更多人看到。我们也一样，营销的资源，门店的陈列，到底铺到多少店铺，摆放在什么样的位置，还有供应链的资源，给不给核心的工厂等，同样也是很多资源的匹配。

关键在于你的资源是不是切得足够碎。我们的 IP 分了 S、A、B、C 四个等级，会根据等级去调配资源。比如我认为你是一个 B 级的 IP，那就一年先开发一个系列的产品，做几千到一万套试一试。如果发现它很受欢迎，那可能就给它供给更多的资源，下一代就不是几千套，而是几万套的量，我们会给它铺更多的门店，给它拍更好的宣传片，投放更多的广告，然后带着艺术家去做更多的签售。通过一系列的举动，给它投入更多的资源。但是也有很多相反的情况，比如一个 S 级或者 A 级的 IP，我们发现它的销售有些疲软，那就要及时抽走配给它的一些资源。其实这也要看一家公司对资源切分的细化程度，以及资源分配的灵敏度。然后慢慢就会有人上、有人下。

**李翔**：在进入这个资源的配给系统之前，你们会怎么去发现一个 IP，然后决定把它纳入你们的系统？第一步是怎么完成的？

王宁：我们的潮玩展每年都有很多艺术家参加。一个很简单的办法是靠我们的审美和成熟的经验，可能我们能够比其他人更早发现它。第二个方法，早些年我们签 IP，最简单的办法就是，假设有 100 个艺术家过来参加展会，就去看谁家排队的人多，然后马上去看看他们家为什么排队的人多。

图 1-3　2018 年，王宁和团队在泡泡玛特主办的上海国际潮流玩具展现场

李翔：用户已经用脚投票了。

王宁：对。

## 品牌而非平台

李翔：你最开始做线下的时候，我理解你是想在线下做一个得物 ① 这种形式的线下销售平台，可以这么理解吗？

王宁：我们比得物成立得早。

---

① 知名电商平台，早期用户会在得物购买经过平台鉴定的限量款球鞋，如今得物的销售范围已经扩展到包括服饰、箱包、电器等。

李翔：你们在发展过程中，其实放弃了之前线下的那种选品和卖货的逻辑，但得物应该是这个逻辑，一直做到现在，也做得非常大。

王宁：得物很不错，但它是家互联网公司。得物的创始人杨冰也是我的好朋友。我觉得这是两件事情，得物做的是互联网平台，它的逻辑是，如果将来有一天能够做得更好，可以做到像天猫那样，成为为大品牌提供更好的销售工具的互联网平台。而我们本质上还是想做品牌的。

李翔：品牌而非平台。

王宁：对，这是本质的区别。我觉得泡泡玛特也是极少数的从渠道品牌变成产品品牌的案例。它原来其实是一个像沃尔玛那样的渠道品牌，现在大家会认为它像耐克一样是一个产品品牌。我觉得能做到这种转型的公司不多，我们花费了很大力气，做减法，做市场推广，让大家现在一听到泡泡玛特，就会觉得它是个产品品牌，而不会认为它是个杂货铺，什么都卖。

李翔：现在这个转变已经完成了，是吗？

王宁：对，人们至少不会认为泡泡玛特是一个渠道商。

李翔：但是现在泡泡玛特店里卖的品类还挺多的吧？

王宁：品类多，但基本是我们自己开发的产品。当然也有外采的，但占比很低。

李翔："创造潮流，传递美好"这句话是怎么想出来的？是开始创业就有，还是开始做潮玩之后才有的？

王宁："传递美好"是一开始创业的时候就有，最开始我们就想要做一个有温度的品牌，传递美好。所以这句话一直就有。

李翔："创造潮流"是2016年之后才有的？

王宁：对，那时候我们开始做潮玩，觉得我们在做的是贴近于潮流的事情，所以就有了这句话。

李翔：你们是不是也有自己一套成熟的使命、愿景、价值观描述？

王宁：公司上市的时候更加系统地梳理了一下，但是我觉得，这种东西其实要说有用是有用，要说没用其实也没用，因为市场、竞争和你自己都是在变的。

我们价值观里有一条虚的，我觉得是没有变的，我们想成为一家伟大的企业，做一个让人尊敬的品牌。这是不变的。然后我们自己做事的方法和理念，用我们自己的话说，是"尊重时间，尊重经营"。我们属于长期主义，我们认为，该十年做成的事情就不要着急，别想着一两年就做成。任何事情到最后其实都是"柴米油盐酱醋茶"，是对人、对事、对钱、对无数个细节的优化管理。我们也看到很多身边的案例"死"掉，要么不尊重时间，要么不尊重经营。这个核心的理念和大的方向，是我们一直坚守的。

"创造潮流，传递美好"属于我们想做的事情，它是基于我刚才说的理性和感性之间的事情。我们对品牌的理解，不是"多、快、好、省"这种购物型的，而是你在这个店里待着，或者你买了几样东西，能让你觉得生活还挺好，是一种更高的、精神类的消费场景和消费需求，这是我们的追求，也是我们对品牌和文化的理解。

我最近觉得"Celebrate Everyday"这句话也很好，"庆祝每一天"跟"传递美好"表达的东西是一样的。我在想，要不要把这句话用到泡泡玛特乐园里。

## 乐园和电影

李翔：关于做乐园这件事，你是从什么时候开始有这个想法的？

王宁：当我们说想要学习迪士尼的时候，就已经在想做乐园这样的事情了。我们有成熟的线下运营能力，当然，我们没有运营乐园的经验，但我们还是想要做。

我们以前做的事情是很小的，只在潮流的圈里，潮流就是一种优越感，潮流就是时尚的最前沿。后来我们发现这个圈子太小了，于是就不断扩圈，从潮流圈到时尚圈，再到更大的圈子。我们也找到了更本质的需求，就是对快乐的需求。我们觉得，如果我们有能力，或者我们计划做更大的事情，那就要满足这个需求。乐园也好，游戏也好，内容也好，潮玩也好，其实都是基于快乐、陪伴和 IP 衍生出来的东西。

李翔：你们做乐园，会跟其他的乐园在模式上有什么不一样吗？迪士尼做、环球影城也做，国内很多地产商也声称自己要做乐园。

王宁：一些地产商做乐园主要是为了拿地卖房子，不是真正地做乐园。当然国内也有很多真正想做乐园的公司，之所以没有做好，是因为它们没有很好的 IP。主题乐园的第一要素就是 IP。IP 带给乐园的好处是什么呢？首先，IP 的本质是一个低成本的市场营销，就跟明星代言一样，大家冲着对 IP 的喜爱来到乐园，那你就有了更低的获客成本。回到商业逻辑上，如果你的获客成本比别人高，经营起来肯定会难一些。其次，如果你没有很好的 IP 和故事来包装乐园，那你的乐园的体验感也会弱一些。同时，如果你没有很成熟的运营经验，你的服务也会差一些。最后，如果你没有产品开发能力，二次消费也会少很多，可能收入只能靠卖门票来获取。所以做得好的乐园，比如迪士尼主题乐园，从获客的成本、线下的体验、IP 的打造到产品的开发，都做得好。

我们现在有的能力是：第一，产品开发能力我们还是有的。第二，我们做了那么多线下店，线下的队伍还是有的，具备一定的线下运营、管理经验。第三，我们有很多 IP，也具备一定的 IP 主题包装能力。

但是，我们也不想一下子就做得很大，还是回到刚才说的尊重时间和尊重经营上，我们不是说一上来就要投 50 亿元、100 亿元，来对标迪士尼去做一个乐园。迪士尼乐园都做了六七十年了，我们现在去追赶它，难道三年就能追上吗？另外，难道它现在的商业模型就是一个稳定的、可持续的、最优的商业模型吗？我觉得不一定。

所以对我们来讲，我们做乐园，刚开始起步就没有说要做多大，还是先做一个小的城市乐园，积累工程经验、运营经验，以及提高团队的能力。我们有足够的耐心。

李翔：乐园对你来说是一个试错性质的尝试，还是说它是在你们长期战略里必须有的业务？

王宁：它是长期战略。你可以理解为，我们并不是上来就要做 10，然后它变成了 5，那这件事可能就错了；或者它变成 0，这件事就黄了；或者期待它变成 100，也就是说大成。我们是上来先做个 1，想清楚它明天会是 2、后天会是 3、大后天会是 4。因为它上来只是 1，所以它也很难变成 0.5 或者 0.8。

因此对我们来讲不是在试错，不是做上来是 10，然后可能亏到 5 或者 0，也有可能大成的事情。我们是很务实的，从一开始投入的时候我们就在算这个账。比如我们选址朝阳公园，从地铁出来就能到，位置好，交通也很方便，以及我们不是买的地，而是租的地。这件事本身就在我们的可控范围之内。

李翔：就是说已经算好账了？

王宁：对。

李翔：你期待这个乐园的营收由哪几部分组成？跟迪士尼一样吗？还是说有所不同？

王宁：我们觉得我们是有能力像迪士尼一样的，最起码超过30%的收入是非门票收入，甚至更多。

李翔：最差就变成一个线下门店。（笑）

王宁：超级旗舰店，或者哪怕是个品牌体验中心。

李翔：为什么要选择那么好的位置？大部分主题乐园其实是距离市区比较远的。因为你也讲了，IP的一个好处就在于它自带流量，获客成本低，所以迪士尼和环球影城就会建得远一点，反正喜欢的人都会过来，但你们是完全不一样的选址，几乎可以说是选在城市里最好的位置。

王宁：其实也是机缘巧合，原来那块地方是一个荒废的区域，只有一栋老的建筑，已经荒了快十年，一直没有人接手。有一段时间他们想让我们在那儿做个美术馆，然后我们就去看了那个地方。当我看到那儿有森林、有湖、有城堡的时候，我脑子里就有了一个画面，我觉得这就是我们要做的乐园的起点，大小和位置都很合适。所以是先有画面感，才有下一步的行动。

图1-4　2020年，胡健、司德、王宁、肖杨、刘冉
第一次到朝阳公园看场地

李翔：在你看到那个地方之前，就已经有了要做乐园的想法，是吗？

王宁：对。就跟我们有想做电影的想法一样，你可以有这个想法，但是落地执行的时候得碰到一流的导演、很好的制片人，然后接下来还要碰到很好的剧本，才能快速往下推进。这又回到了经营，回到了细节的"第一、第二、第三"里面，不是光有想法就行，落地的时候还是很具体的。

李翔：这个乐园做到什么程度，你就会认为它已经是一个可以立得住的事情，然后可以开始考虑做第二个乐园了？

王宁：你可以去体验一下。它不会像迪士尼乐园和环球影城那样，可以体验大规模的巨型游乐设备，没有什么游乐设备，基本上没什么可玩的。但它又不是一家只卖东西的店。我们还是挺有信心让你觉得：这个地方还有点意思，好像中国需要这样的东西。

**李翔：感觉你刚才的话不像是劝人去的，你说："基本上没什么可玩的。"**

王宁：这就是它特别的地方。当然这么做也确实是因为有很多限制因素，毕竟它是建在朝阳公园里，不管是大型的设备还是建筑，都是不允许做的。好的是，给了你好的位置；坏的是，你只能在这个位置上修修补补。你不能砍它的树，也不能盖新房子，限制很多，只能在现有的条件下去做一些能做的、小的动作。

**李翔：你们乐园的用户，很有可能是跟现在泡泡玛特的用户是一样的，有很多女生？**

王宁：我觉得应该是。家庭用户应该也还行。

**李翔：谈到电影，我记得你之前讲过，不会去做 MOLLY 的电影。**

王宁：不会做 MOLLY 的电影，但是我们会做电影，MOLLY不见得是主角，可以是配角，可以出现在场景当中，但是一切都不一定。我们现在已经很正式地成立了电影工作室，最近已经在讨论剧本。

李翔：你说的做电影，就是要有泡泡玛特的 IP 参与进去的电影，而不是像之前那样通过投资参与的电影？

王宁：对，是完全由我们主导的电影。

李翔：电影有时间表吗？

王宁：电影会慢，我只能说比之前肯定是往前走了一大步。因为电影需要很长的准备期，我们要去聊很多的剧本创作，然后选出来哪些剧本和方向是可以的，哪些导演是可以的，然后了解艺术家们都是怎么想的，哪些 IP 是可以参与的，什么类型的电影是符合市场的，市场又是什么样的，这些都需要很长的准备时间。就像写作或者画画一样，前期想的时候要花很多时间，最后落笔的时候反而快。

李翔：它需要由一个自己的、公司内部的团队来完成吗？为什么不是跟已有的电影公司合作来完成？怎么判断哪些事情要自己做，哪些事情可以跟外部公司合作？

王宁：如果这是一个大战略，那这就是个正儿八经的事儿，比如说可能三年以后，我们希望每年都有一部我们的电影上映。

李翔：对，每年都有一部的话，相当于你们自己要做一个追光动画①了，它也是一年一部的节奏。

王宁：我们跟它最大的区别，或者说我们的优势是什么呢？它只专注于做电影，这也是它跟迪士尼最大的区别。比如追光动画最近做出来的《长安三万里》就挺好，那它当然可以多赚一点钱，但是电影过去就过去了，下一部好与不好又是一个未知数，有可能更好，也有可能没那么好。迪士尼不一样，《冰雪奇缘》在中国的票房才约3个亿，但它赚的不只是电影的钱，艾莎公主的裙子能卖多少？玩具又能卖多少？其他衍生品和乐园又能赚多少？相当于迪士尼有一个体系化的、综合的商业框架，我们现在就在搭建这个综合的商业框架。

李翔：我理解其实更大的投入是在前期的机器设备和技术人员上面。

王宁：这些在中国已经很成熟了，有大量的外包团队。你看，动画片《哪吒之魔童降世》的片尾鸣谢了100多个工作室。

李翔：所以我理解，你们不会在内部把技术和制作团队搭建起来。

王宁：对，只是核心的创意部分。

---

① 动画电影公司，其代表作品有《白蛇：缘起》等。

# 赛道选择与运营核心

## 从细分品类做起

李翔：我想问一些关于你比较早期的事。我看的资料提到，你在大学时就对做生意或者创业很感兴趣，是吗？你为什么这么早就对商业有这么大的兴趣，很多人应该不是这样的吧？

王宁：可能因为我家一直都在做小生意，我是在店里面泡大的，有这方面的影响。还可能是因为我读大学时的氛围。我读大学是 2005 年，那个时候开始有了创业氛围。2006 年媒体报道了四个创业的 80 后，其中就包括李想，他们被大家认为是创业的偶像和 80 后成功的标志。那时候流行的电视剧是《奋斗》，讲一群年轻人为了自己的理想去打拼。

因为我喜欢艺术和商业，所以那时候选的专业是广告学，专业本身可能也更贴近商业。我上的那所大学叫郑州西亚斯学院，你去了以后，会觉得它是个神奇的学校。它就像北京周边的阿那亚一样，整个学校就像度假村，除了几栋教学楼，所有的宿舍楼下面都是商户，学校里一条一条的街上都是各种店，我们整个学校的店铺数量估计有几百家。

这所学校是中美合作创办的学校，氛围很开放，采用的是美国的教育模型和教学理念，对我们这种没有留学经历的人来说，它就像是给我们打开了一扇窗户。整个学校很自由、很开放，有很浓厚的商业氛围。美式学校也有很强的社团文化，现在可能各个学校都差不多，但那个时候我们的社团文化比其他学校更浓厚一些，因此就诞生了很多小的社团组织。那时候我是一个社团的社长，每天一群人在这儿待着，又有那样的氛围，大家就想要干点什么事情。

学校也鼓励我们去做事。比如，我们学校有一个户外剧场，每周都有人在那儿办晚会，今天这个院系迎新，明天那个院系迎新，光是迎新就要办很多晚会，都需要用这个场地。还有各种各样的活动，如摇滚节、电音节，会让很多人参与进来，要么你是观众，要么你是演员，要么你是组织者。所有这些活动都需要相应的商业模型，因为没有人给钱，学校和系里也不会给钱，都是学生自己拉赞助，学校门口某家饭店出 500 元，中国移动出 2000 元。这样就形成了一个商业化的文化，美国人那套"用商业化解决一切问题"的理念也就植入了我们的生活。这一点，我觉得可能跟国内其他学校也不太一样。


*李翔：你们同时期创业的人多吗，学校同级学生里有吗？*

王宁：我觉得也不少。拿我们宿舍举例，我们宿舍在 6 楼，宿舍里边有小卖部。

**李翔：就是自己宿舍里有个小卖部？**

王宁：对，我们宿舍的一个舍友，批发了一堆吃的、喝的，然后他每天就在宿舍待着，24 小时营业。这个楼层的人，哪怕大半夜想吃东西，也可以过来敲门，买八宝粥、泡面和火腿肠。他还专门买了个冰柜放在宿舍里面，连冰镇啤酒都有。反正学校不管，你想做什么就做什么，很开放的氛围。

**李翔：这么好玩。**

王宁：挺不一样的。我们这届知道可以这样做，是因为上届也是这种情况。我们刚入学的时候，上一届学长就是这样，新生一入校，楼下就有摆满了卖锅碗瓢盆和被子的摊位。我们知道了怎么回事以后，大家也都去卖各种各样的东西，比如卖电话卡、设计海报。挺有意思的。

**李翔：你在大学里面就开始做生意，之后创业，家里人的态度是什么样的呢？**

王宁：我觉得因为他们自己一直是做生意的，所以还算是支持。

**李翔：不会认为读书就应该好好读书，毕业之后找个好工作？**

王宁：这个倒不会。我觉得我还是生活在一个相对开明和自由的家庭。当然也有可能因为我是家里的老大，还有弟弟妹妹，可能下意识就觉得，因为我是老大，当家就比较早。

我印象当中，从高中开始，可能爸妈做什么决定也都会听我的意见，其实一直是我在帮他们解决问题。大学时我还开过快捷酒店，那时候还让我妈过来帮忙。你会发现其实是我在安排他们的生活。

**李翔：这么早熟。你之前采访里面会讲，父亲对你创业的态度是："我反对你，但是我支持你。"**

王宁：对，当年我对这句话印象还挺深刻的。我妈是一个很大胆的人，但我爸是一个很谨慎的人。我妈属于那种愿意冲一冲、闯一闯的人，我爸可能对所有花钱的事情都不感兴趣。我相信我们身边就有这种家长，你让他去吃顿好的或者买一件东西，他只要觉得贵就会抵触，先不说好不好，只要一听说要花很多钱就会抵触。我觉这是很多家长的心态，毕竟是从苦日子走过来的。我父亲的兄弟姐妹也多，生活也苦，所以形成了很谨慎的性格。对于他来讲，我说想创业，要他拿钱，他肯定下意识地先反对。

**李翔：所以你爸肯定理解不了泡泡玛特吧？又没啥用，还卖那么贵。**

王宁：绝大多数人都是，该理解的早就理解了，不理解的也依旧不理解。只不过我们希望更多的人，不管是我父母那个年代的人，还是现在这些年轻人，将来可以花更多的时间、钱和精力在这些"无用"的东西上面。

**李翔：** 年轻人应该已经不需要你再去做说服工作了，他们很自然地就接受了。

**王宁：** 只能说比例会更高一些。而且，你会发现理科生和文科生还是有些区别的。当年买电脑，男生尤其是理科生，看的是CPU（中央处理器）、性能、分辨率，去店里的时候都是拿着记事本去的。现在还是这个逻辑，甚至一个男生去买件衬衣，关注的是这件衬衣是多少支数这样很细节和理性的东西。女生不太关心衬衣是多少支数，她们更关心衬衣是否好看。这是很本质的区别。只不过原来大家经济条件不好，可能对理性层面的东西会多关注一些，或者说大家认为那代表理性。但实际上有时候，我也常常碰到绝对理性的人干出一堆感性的事。

我觉得作为一个消费品牌，作为中国新一代的企业，我们可能还是要做一些感性的事情，毕竟这是社会进步的标志。

**李翔：** 所以你能理解为什么得物能赚到男性的钱吗？你们的用户很大比例应该是女性，我记得你之前分享过，泡泡玛特超过75%的用户都是女性。

**王宁：** 我之前讲过一个关于消费的理论，就是满足感和存在感。现在社会物质丰富，大家不是通过一种东西来获得满足感和存在感。早些年物质比较稀缺，谁家有电视机，谁就有满足感和存在感。因为物质稀缺，很容易有一种单一的、固定的产品，让人获得满足感和存在感，无论是桑塔纳还是大哥大。但现在是物质丰富的时代，丰富到每个人喜欢的、认为高级的、能够带来满足和存在的东西都不一样。你特别喜欢茅台，但是我根本就不喝酒。你喜欢球鞋，我喜欢潮玩，他喜欢玉石和手串。还有人喜欢游戏，愿意花几十万元、上百万元在游戏里买皮肤，我根本理解不了，怎么可能会有人愿意花那么多钱买那个东西？

每个人都不一样，圈子也不一样，大家讨论的问题也不一样，然后这时候会分成很多个圈子和部落，每个部落里可能都需要存在感和满足感。球鞋就是相当大的一个部落，茅台也是个很大的部落，茅台也是男性的市场。我觉得大家都在各自的市场或者部落里面，寻找一个让人有存在感、满足感的方法，这是一个平台和商业的状态。

*李翔：你们希望去获取那部分男性用户吗？*

王宁：我们的用户里面也有很多男性，我们现在也在做产品的丰富化，比如做怪兽类的潮玩。

*李翔：其实是通过产品去撬动这部分用户。*

王宁：对，得物也在做很多女生喜好的东西。大家都想扩圈。

李翔：还是回到你的大学时代，这样听下来，你大学有认真读书吗？

王宁：我的成绩单只有一门挂科了：社会学。我觉得还挺讽刺的是，因为社会学那门课主要是教你怎么融入社会，怎么做社会实践。我开玩笑说，因为我天天社会实践，没空去背那么厚的书，所以那门课挂科了。

李翔：所以是在社会中毕业了，但是在社会学这门课上挂科了。你学的是广告学，这个专业本身对你创业有帮助吗？

王宁：我觉得有帮助的是很多商业传记，那个时候花了很多时间读这些作品。那个时候天天都在鼓励创业，大家的英雄就是柳传志、马云、史玉柱，他们几乎每天都在电视节目上出现。还有，广告学是一门很宽泛的学科，它也可以帮助我研究很多公司的案例，最起码我得看很多广告。这些都可能对我有所帮助。

李翔：那时候你想做广告吗？还是并不想？

王宁：其实那时候的大学生，大多数都是盲目的，很多人毕业都不知道自己要干什么。那时候我们作为穷学生，听到老师说所有做广告的人毕业五年以后身价没有低于100万的，我们就流口水：哇，能挣这么多钱。大家都觉得这是个很好的职业。

李翔：我理解其实从大学开始，你创业也好或者做生意也好，更多是直觉型的、机会驱使的？

王宁：我觉得有可能，如果真的说老天爷赏了一碗饭，可能给我的是商业直觉。

**李翔：这种直觉是觉得什么东西有可能会赚钱，可以做一下？**

王宁：每个人都有自己的直觉，就好像和我一起创业的朋友，我们的艺术总监、小野的创作者宣毅郎，他的直觉就是艺术直觉，他认为这个颜色就是对的，其他颜色就是不行。这就是老天爷赏饭。还有个我们一起创业的哥们，做商务拓展的肖杨，他的天赋是通过喝酒快速地跟人混熟。还有些人就是很细心，然后很耐得住性子。我觉得除了后天习得的，这也是大家各自的天赋。

图 2-1　2013 年，宣毅郎、王宁、肖杨模仿《中国合伙人》电影海报

李翔：你是从什么时候开始认为自己过了直觉的阶段，真正对做公司有了一些方法上的认知的？

王宁：当年起步时，从 0 到 1 的时候，可能更多的是直觉。开始时，直觉很重要，就像要烧一把火，你得先点着它，需要一根火柴。如果没有这种直觉，就像没有火种，根本点燃不了。但是它要变成大火，而不是光有火苗，那就需要太多支撑了。

以前就搞点小聪明，比如，大学的时候去摆地摊或者做校园纪录片，做格子铺。然后呢？这些从 0 到 1 的事情，是我比别人先发现了这个商机，我有这个嗅觉，比别人先迈出一步。实际上，我发现越往后，特别是要做大事的时候，想法的力量没那么重要了，有可能同一时间有 1 万个人跟我有一模一样的想法。但是，到底有多少人去执行了，又有多少人执行得好，这种人所占的比例可能很小。

而且就算我执行好了，我验证了这件事，成功了，瞬间又有 1 万个人来学这个做法。他们不需要思考，因为已经被验证了，不需要有什么天才的想法，就好像这两年很多人想去做低价连锁咖啡。这个时候你会发现想法已经不重要了。当然，也需要无数个新的小想法把细节执行得更到位，但是实际上你会发现，到最后沉淀下来的都是执行过程中各种细节的经验。

以前我会假设是因为自己很聪明，所以先走了一步，后来我会发现，我只是走了一步而已，问题是，这是个万里长征，我走这一步没有意义。到那个时候，你会发现其实想法已经不重要了。你要假设大家一样聪明、一样努力，甚至要假设别人比你更聪明，比你更努力，但重要的是，你选择在一个方向做了十年。所以我们说"尊重时间，尊重经营"。这个时候哪怕别人同样聪明、同样努力，他也得花十年时间，因为你已经做了十年。到最后这才是有价值的。

所以我们在 2016 年先做减法，我不想既卖这个又卖那个，我们就去做一个别人都看不起的、小的潮玩品类，小到一个细分品类里再细分的品类，然后做上十年，把它做到第一。其实这已经很不容易了，这也很像多年前大家提的"工匠精神"。像日本很多精细化分工的公司，其实逻辑都差不多。

李翔：你开始意识到选一个小的方向坚持下去是很重要的事情，那是在 2016 年？

王宁：其实我在 2014 年已经意识到了。首先，创业选择零售业就已经规避掉了一堆行业，然后在零售业里边也有很多选择，是做衣服？还是做超市？抑或做数码？也要做品类筛选。要筛选是做潮流类的？还是做非潮流类的？选了做潮流类的杂货之后，是做线上还是做线下？选了做线下，是在北京开店还是在全国开店？是做直营还是做加盟？都是在无数个细分领域里面再细分。所以也不能说是 2016 年脑子才开的光，有可能从第一天开始，我就在这条路上一直走，越走越细分。

李翔：这种不断选择和细分的过程，主要是你驱动的，还是团队一起做的选择？

王宁：早些年肯定就是我自己，刚开始肯定是孤独的。现在我们可以说是一个团队，但早些年创业的时候，其实就是一个人变成两个人，两个人变成四个人，是一个由少到多的过程。

## 被推着走的创业

李翔：大学毕业之后其实你是有一段工作经历的，在上海、北京都工作过。

王宁：在不同的公司，但是时间都很短。

李翔：这种在公司里面上班的经历会对后面创业有帮助吗？确实有的创业者是从来没有工作过的，也有的创业者是在大公司里面工作了很长时间，然后开始创业的。

王宁：我觉得还是有帮助。我在一家教育科技公司待过一段时间，然后去新浪网房产频道待过一段时间，粗浅地感受了一下小公司和大公司的区别。我觉得还是有挺大收获的。比如我待过的那家小公司，可能那时候也年少轻狂，我认为它把能犯的错误全犯了。

李翔：当时就这么认为了？

王宁：对。我觉得那家公司就是属于很神奇的，除了对赚钱不感兴趣，对什么都感兴趣的公司。这个我觉得对我还是有很大影响。

李翔：那家教育科技公司是小公司，新浪就是大公司，在新浪工作期间对你的影响是什么？如果你一直都想创业，直接去创业是不是一个更顺理成章的选择，当时创业应该也很热。

王宁：最大的意义是把我带到了北京，就像你并不知道你要干吗，但是它先给了你一张船票，把你带到了一个地方。我觉得这是有意义的，因为很多人读大学不是在北京、上海这样的大城市。这种情况下，绝大多数人是没有勇气到一个陌生的地方去生活和工作的。就像现在如果没有特别的机会，很多人不会去纽约生活一样，多数人还是没有这样的机会或者勇气，只身一个人去一个陌生的大城市闯一闯。因为你会想到一系列的问题：到了这样一个陌生的城市，你要住哪儿？去哪儿找工作？到底该怎么办？我觉得我到北京对创立泡泡玛特是很核心的因素，如果在其他地方，创立不了泡泡玛特。

李翔：我理解不同的城市确实会对品牌气质有不同的塑造。所以你会认为泡泡玛特的气质更像是北京诞生的公司？

王宁：我觉得它的气质在北京和上海之间，但有很强的北京的感觉。它肯定不像一家有深圳气质的公司，深圳的创业公司更多的是理科生气质，北京的创业公司还是理想主义多一点，文化类的公司也更强一些。

李翔：你在新浪待了多久？

王宁：几个月，非常非常短。

李翔：你在那里上班的时候，就知道自己未来肯定是要出去创业的吗？

图 2-2　2008 年，王宁在大学里的"创业路"留影

王宁：因为那个时候大学的店还没关，相当于是持续在运营的，只不过没有想过这个店还能在北京开。

我们遇到过很多机缘巧合的事情，现在回过头来看会感觉很不可思议，或者说很莫名其妙。比如我在第一家公司认识了一个从北大休学想要创业的人。他的想法非常多，也非常心高气傲，导致始终没有很好地去践行这些想法。有时候我会听不懂他讲话，他会说："王宁，咱们一起干个事儿，把这个资源跟那个资源打包，怎么样操作一下，然后这事儿就成了。"他有一种极端的乐观主义。当他知道我在大学开店，那家店好的时候一天能有1万块钱的销售收入，不好的时候也有几千块钱的销售收入时，他就很惊讶，他说："你在那个地方都有这个销售额，那你一定要在北京开，在北京肯定会更好。"他会一直推着我往前走，然后刚好那时候他有一个朋友在大屯那边有一个地方，就想过去开店，我们连设计、装修都弄好了，但是那个地方又有了些纠纷，等了两个月，就是给不到我们，最后就去了购物中心开店。这个过程里，像是有很多事情在推着我走，到最后发现这个结果是最好的。

李翔：所以其实当你在上海和北京上班的时候，你的团队还在郑州开店是吗？

王宁：我是大三开的店，大家一起在学校做事情。团队里大三、大二、大一的人都有，我毕业了，他们还没毕业，那就接着做。

李翔：决定在北京开店创业，你要在北京重新招人建团队吗？

王宁：当时他们已经毕业了，可以过来了。

**真正的强者具有独占性**

李翔：你创业选零售业这个决定，是因为它延续了大学时期一直做的事情，还是你经过重新思考之后，认为这个方向是非常可行的？

王宁：我觉得它是一个主动加被动的结果。所谓的被动，就是如果我那时候有一个亿，我肯定不做零售业。

**李翔：太苦了，是吗？**

王宁：对，而且肯定我的选择会更多。哪怕有 1000 万元，可能那时候就会搏一搏，搞互联网去了。所以那时候我是被动的，就这么点启动资金，只能选一个自己还算有一些经验积累、比较熟悉、失败概率不会太高的方向去做。所以选零售有主动、也有被动的原因。

**李翔：当时你对风险投资有概念吗？因为当时已经可以通过投资的方式来获得创业资金。**

王宁：那时候的风险投资，大家投的都是线上，没有听说过有投资线下的风险投资人。一直到 2012 年，我们拿到天使投资。那时候老麦[①]自己有个理论叫"钢筋水泥加鼠标"。他做了很多年互联网，当时他有自己的一些预见性的判断，觉得实体可能有新的价值，然后他就投了一些做实体的公司。投完我们以后，我们发展得还可以，他就更坚定了这个想法。他基于"钢筋水泥加鼠标"的思路投了一批公司。

**李翔：你开始时做的格子铺模式，可以认为是有点类似于名创**

---

① 泡泡玛特的天使投资人麦刚。

优品这样的线下精选买手店模式吗？

王宁：可能有点像日本的 LOFT[①]，或者说中国香港 LOG-ON，它们算是比现在很多杂货店稍微好一些的精品杂货店。

李翔：其实今天来看，这个思路也是有很多可取之处的。

王宁：现在也有很多人在做，比如 KKV[②] 就是典型的还在做这件事情的公司。

李翔：你们没有一直做下去的原因是什么？

王宁：我觉得效率不高。做这种平台还是有很多限制的。你想要更大的销售额就得开更大的店，比如现在 KKV 就开了很大的店。更大的店，你就得有更大的投入、更多的装修、更多的人，以及更复杂的人员培训，所有因素都是叠加的，所以效率就越来越低。此外，库存管理、SKU 管理、陈列管理也都更加复杂，它们又不在一个节奏上，节奏永远都是乱的。总之，那个时候它们对我来说就是乱。

如果能做到一定规模，有可能会做得更好，但那时候对我们而言难度是很大的。另外，因为这是平台，卖的是别人的货，卖别人的货就很难产生真正的、核心的价值，自己只是一个零售渠道。如果在线下还可以赚点差价，但是把它放到网上卖，没有任何

---

① 知名精品杂货店品牌。

② 潮流零售集合品牌。

价格优势，因为全国有很多人都在卖同样的产品，到最后就发现只是在拼价格，没有什么利润空间。

有一个说法，真正的强者具有独占性。品牌是种独占性，设计和 IP 也是独占性。我们后来就发现了自己品牌的重要性和自己产品的重要性。

李翔：线下也可以像京东那样做自营，把产品买过来，然后再卖。

王宁：我们后面就是直营。做格子铺的时候生意很好，它的模式就是分租出去一个个小格子，让大学生来这里卖东西。那时候我们

图 2-3　2009 年，王宁和团队留影

认为它有很大的优点，但也有很大的缺点。优点是品类很丰富，可观赏性很强。缺点是管理复杂，毛利率低，陈列乱，品质也不统一。所以后来我们就想，能不能开一家店，吸收它的优点，规避它的缺点，所以就变成我们统一采购，统一毛利率，统一陈列，统一销售。管理效率也提升了，那时候我们就是这样一点点去做优化和做减法。

李翔：你当时会去很多地方看各种各样的线下零售的业态?

王宁：对，中国香港的、日本的，看了很多。

李翔：当时移动互联网创业也很繁荣了吧？你没有想过看看移动互联网这个方向有没有机会吗?

王宁：移动互联网真正起来是在 2013 年和 2014 年。微信的真正普及是在 2013 年，我看了看自己的第一条朋友圈，就是 2013 年发的。2014 年到了移动互联网创业的高峰期，开始有各种各样的应用被开发出来，做一个 PPT，搞一个运营，就可以融到钱。

2012 年最火的还是电子商务，大家都在讨论天猫和京东，比如王健林跟马云打赌，线上赢还是线下赢。①B2C 电子商务出现了各

---

① 2012 年，在 CCTV 中国经济年度人物颁奖现场，万达集团董事长王健林和阿里巴巴集团董事局主席马云打赌，王健林说："2022 年，十年后，如果电商在中国零售市场，整个大零售市场份额占了 50（%），我给他一个亿。如果没到呢，你还给我一个亿。"

种各样的垂直类企业，比如卖化妆品的聚美优品、卖酒的电商等等。垂直类 B2C 电商是那个年代最流行的创业模式。

**李翔：虽然电子商务很火，但是当时你还是倾向于做线下？**

王宁：对，可能也因为是学广告学的，我对品牌有自己的执念。按照我们那时候对品牌的理解，当时的很多品牌不能算品牌，中国缺少真正的品牌。当时做品牌都属于找个代言人，在步行街开多点店，或者去央视打个广告，就成品牌了。我觉得这只是出名，没有真正的品牌精神。所谓的品牌精神就是你盖住它的 logo（标志），也会知道它是什么品牌，而不是去掉 logo 发现都一样，只是看谁渠道做得好。

好的品牌是你闭上眼睛，就能想象出来他们办公室是什么样子、老板是什么样的性格。就好像你去了星巴克、乐高、无印良品、宜家，你一看就知道它的理念和文化是什么，它的品牌追求是什么。甚至我们坐在这里就能想象出无印良品、宜家的办公室是什么样子，你真的到了他们的办公室，也不会感到意外。这是真正的品牌。真正的品牌一定不只是在卖货，它一定是卖文化的，并且能够让你对它的文化有真正的体验感，这是那时候我对品牌的理解。早些年国内品牌没有能做到这些的。

2010 年和 2011 年那时候淘品牌特别火，那时候所有人都觉得线下品牌没救了，因为线下品牌不懂互联网，淘品牌好像见神杀神、见佛杀佛，大家都觉得很牛。我当时就想，淘品牌能成功，原因有两点。第一，它比别人更早做了互联网。第二，它在那时候比别人审美水准高，图拍得更好看、平面模特更美，这两点也是一个品牌的诞生过程。但是后来我们就发现，只做线上，那就只能是一个视觉传递，太容易被模仿了，我马上可以找同样的平面设计师做出你的这种风格。

相反，我们发现线下是一个更有包裹感的品牌文化的传递方式。比如教堂就有很浓厚的包裹感，教堂的气场、氛围、音乐、灯光，甚至流程，那种包裹感瞬间就会给你一个很强的文化带动。我们那时候觉得，门店就应该是一个类似于教堂一样的所在，视觉、触觉、听觉，还有服务，这样才能够真正全面地传递品牌文化。

所以我们那时候就觉得开店这件事情非常重要。开店，而且要开好店，到今天这也是我们的坚持。你来到我们的门店，我觉得还是有包裹感的，最起码可以瞬间让你知道潮玩是一个什么样的东西，泡泡玛特是一个什么样的品牌。也许是潮流，也许是快乐，也许是娱乐，每个人的感受都不一样，但是进到我们店里，一定是和进到其他家店是不同的。而且它的特别是从上到下一以贯之的，你见到我们的同事，你看到我们的办公室，从平面到立体的体验，它一定是一致的，而且一定是跟其他公司不一样的。

**李翔：看到王健林跟马云打赌，会不会影响你对线下的信心？**

王宁：其实那个时候我是站在王健林那边的，如果现在你让我再站一次队，我依旧会站在王健林那边，因为我觉得线下是无法被替代的。你也会发现，新冠疫情三年之后，大家出去走走的体验，是在网上看看美丽的风景替代不了的。

京东当年提出过"多快好省"，对京东而言，这当然是对的，但是我一直不认为"多快好省"就是好的购物体验。因为你没钱的时候才会想要省钱，没时间才想越快越好。你只有有限的时间和有限的预算，所以当然会想要"多快好省"，但是如果你不缺钱，也不缺时间，肯定会慢悠悠地漫步在一个风景秀丽的空间，设计也很好，体验也很好，慢慢挑、慢慢选，而且也不需要看半天价格标签。这才是终极的购物体验。

## 打开了资本的口子

李翔："多快好省"本身就是稀缺的产物。你们的第一笔融资是怎么拿到的？

王宁：也是机缘巧合。我们做泡泡玛特第一年的时候就是卖杂货，刚开始挺难的，东拼西凑借到 50 万，认为做这个事就够了，后来发现每个月赚了钱还得往里面投，最后陆陆续续投了 100 万，还是认为这家店没有做到理想中的样子。

当时从大学开始跟着我一起创业的同学也过来了三五个，那时候我们也没有办公室，很多时候大家都在店里面当服务员。你会觉得，大家都在店里面当服务员，这不是我们原本的追求，总觉得我们大学毕业了，可以创造更大的价值。而且我们这些人也不够专业，同时这家店已经完成了从 0 到 1，所以就招聘了一些专门做收银员的、服务员的人。

不用做服务员了，我们这几个人怎么办？这些人都是所谓的知识分子，有从大学毕业就一起创业的，也有从其他公司挖过来的。所以那时候我们就做了一个项目叫淘货网，还花钱买了个域名：taohuo.com.cn。做这个项目是因为我们刚开始卖杂货的时候，其实也不知道要卖什么，后来去了广州、义乌和北京的批发市场，熬了半年到一年的时间，我们知道哪里有批发货源，怎么组一盘丰富的货，所以就想能不能做一个 B2C 的电商，专门服务小店铺。当时在阿里巴巴平台，你想批发笔、杯子或者雨伞，就能在上面找到专门卖笔、杯子和雨伞的厂家，但是我们发现，无数个中国的夫妻店和我们这种精品杂货店的需求是：给我发来一箱货，里边能不能有两个杯子、三把雨伞、一个毛绒玩具，再加一些饰品。这是一个混批需求，而且是混品类的、小批量的需求。所以我们就开始想，能不能做这样一个 B2C 的混批电商网站，于是就做了淘货网。那时候挺有意思的，我们四五个人，每天去楼上的 COSTA（咖世家）每个人点一杯咖啡，坐一下午，占一张桌子在那儿办公，基本上每天就在那儿待着，搞网站开发。

做了网站之后，我们就想，这种网站是不是可以去找找投资？于是那时候我们就见了很多人，聊了很多，但是也没人搭理我们。肖杨，也就是我们现在商务拓展的负责人当时已经加入团队了，他进入一个投资人的微信群里，别人给了他一堆邮箱地址，他就把我们的 BP（商业计划书）群发了出去。我们的 PPT 里有 80% 讲淘货网，20% 讲我们为什么要做这件事，原因是我们做了一个泡泡玛特，我们有成熟的采购经验。

我们都已经准备放弃这件事了。2012 年，我们去国展参加中国创业加盟品牌展览会，准备要开放加盟了，因为实在没拿到投资去开更多的店，那就走加盟吧。而且我们还收到了很多加盟意向，那时候已经有两家加盟店了。我们也觉得很神奇，我们只有一家店，还有人愿意加盟。就在那时候，麦刚突然给我们打电话说，他翻到了一两个月前的邮件，说他对淘货网不感兴趣，但是对泡泡玛特特别感兴趣，能不能来找我们聊一聊？

当时我们在联想桥附近一个叫满庭芳园的小区租了一个民宅办公，两室一厅，还有人住在里面。租房子的时候还刻意选了一楼，

图 2-4　2012 年，王宁和团队在满庭芳园的民宅中开会

想的是拉货方便，客厅和其中一个卧室做办公室，另一间卧室里住了两三个人，厨房是我们的仓库。我们现在物流的负责人，原来是我第一家公司的行政，他以前还当过两年卡车司机，他为人比较实诚，所以就请他帮我们管仓库。他管的第一个仓库就是那间厨房，从两平方米开始管，现在管着全国几万平方米的仓库。

**李翔：然后麦刚就去了这个地方找你？**

王宁：对。第一，可能是他觉得，我们当时的估值相对于互联网行业来讲太便宜了，对他来说不算钱。因为便宜，所以他做决策也快。第二，天使投资主要是看团队，算上大学的时候我们搞的那些事，当时就花了一个小时对他讲了我们都干了什么，他也很快能判断这个团队靠不靠谱。

**李翔：后来他说过为什么要投资你们吗？当时你们只有一家店？**

王宁：这个他没说过，但我们应该算是他最成功的天使投资案例。当时也挺有意思的，第一天见完，第二天他又来找我，第三天我们就签了合同。他刚开始提出的估值是 500 万，他投 100 万占20%，我们说那你就别投了，100 万我们认为不够，开店都不够，没办法推动什么业务，我说你最少要投 200 万。然后那时候算估值也很简单，就是我算了算他投 200 万要占多少股份，我们还有几个同事一人再分一点股份，我自己的股份算 1000 万，就这么算出来的估值。投完以后我跟他说："麦总，如果有一天我成了周杰伦，那你就是吴宗宪啊。"

图 2-5　2012 年，王宁和泡泡玛特天使投资人麦刚（左）合影

我记得我还出来打电话给我爸说："爸，从今天开始你孩子就是千万富翁了，因为我持有的股份估值 1000 万了。"那时候大学生一个月的生活费才几百块钱。大学创业的时候我一个月挣一万块，已经觉得很多了，百万对我来讲就是一笔大钱。

后来我们就在三元桥租了一个正儿八经的办公室，100 多平方米，然后在太阳宫凯德 MALL 开了一家店。因为经验不足，也是赔得一塌糊涂，相当于这 200 万就是用来开了一家店，把公司往前推了一小步。但确实对我们有帮助，可以算是打开了资本的一个口子，麦刚也给我们介绍了一些投资人，让我们可以跟更多人接触。而且我觉得那个时期算是创业的好时候，一年以后我们又拿到了几百万的 Pre-A 轮融资。

## 不要总盯着估值

李翔：相当于大学的时候，干的所有事情都是赚钱的。大学一毕业，干的事情就不赚钱了。（笑）

王宁：不能说不赚钱。你可以这么埋解，今天赚了钱，你可以换个更好看的柜子，因为现在的柜子实在太难看了，或者你可以去采购一点更贵的东西，比如以前卖的都是十块钱的杯子，那是不是可以去采购一点几百块钱的东西来卖，再或者是不是可以装修得更好一些，去开更大的店。我们一直在投入，所以发现钱一直不够用。当然死是死不了，你还有这么多货在，今天卖点钱，不再进货了，就可以有现金留下来。这跟大学那种"卖一单是一单"的状态不一样，它是一个持续投入的过程。

李翔：现在钱够用了吗？

王宁：当然现在好很多。曾经我还有过感慨，我觉得我们创业的那个年代有些做法也是不太对的。70 后那一代人为什么创业，是因为他们看到隔壁老王挣钱了，然后跟着下海创业。但是在 2010

年到 2020 年的这个大创业时代，多数人并没有挣到钱。很多人不是说看到谁挣钱了就要自己去创业，而是说看到隔壁老王融资了，拿到了天使轮，拿到了 A 轮，我也要赶快创业。回过头来看，这 10 年出现的各种商业模式，本身符合商业逻辑的其实并不多，所以你会发现真正活下来的公司并不多。很多当年的创业英雄，融资都融到 C 轮了，今天已经死掉了。

李翔：当时，有没有哪些公司和你们一样知名，后来却销声匿迹了？

王宁：太多了。一路上各种互联网公司都比我们融到的钱多很多。人家那时候都是创业英雄，我们的投资人都嫌弃我们太慢，认为我们这个模式一点也不"性感"。融钱融得少，投资人都不看，大家都是看谁的估值涨得快，天天比的是今天你 A 轮，明天他 B 轮。

李翔：你们当时会焦虑吗？看到同期创业的公司估值涨得那么快。

王宁：刚开始会，但是后来你会发现它们做的事情也不是很好。比如 2013 年，我们找了一家头部基金，它都准备投了，结果放了我们鸽子。它可能觉得我们不够"性感"，后来投了一家跟我们做类似业务的线上企业。我们觉得这事是错的，因为那家企业要做的事情我们都干过，我们已经验证那事儿不行。按照我们的经验，这个事情做不大，也做不好。它唯一"性感"的一点是：它是一家互联网公司，要用互联网的方式再验证一遍。

后来我们就慢慢理解，投资人跟广告公司的从业人员一样，看起来啥都懂，干起来却不一定了。你每天都要接案子，不可能听别人讲半个小时 PPT，对这个行业、这家公司就完全懂了。所以后来我们就没有那么焦虑了，最起码不为资本焦虑了，因为做正确的事情的重要性可能要大于你今天融了多少钱。

**李翔：怎么还对投资人建立起了优越感？（笑）**

王宁：也不是优越感，因为永远会有这种人。上市之后，我们发现二级市场的投资人也有这样的，乐观的时候大家都是盲目乐观，悲观的时候大家也都是盲目悲观。当然无论炒股也好，投资公司也好，毕竟不是身在其中，你不可能要求对方对你有充分的理解、信任和包容，大部分情况一定是听风就是雨。就好像互联网上很多人看待一个偶像，要么是离他很远，觉得他是完美的人；要么是听说他有个劣迹，就觉得他是全世界最烂的人，永远是这样的一个状态。但是没办法，你每天能做的就是做好自己的公司。

**李翔：对，只能做好自己的事。你认为二级市场投资人对你们有什么刻板印象吗？可能不是你们真实的情况，但是已经形成一个先入为主的印象。**

王宁：可能二级市场投资人中的理科生会更多一些，相对而言，一级市场投资人中的文科生要多一点，因为一级市场投资需要想象力，就是你还没做到，他能先想到，所以他是为想象力、为未来买单。当然对多数创业公司而言是他想到了，你也想到了，但是大家都没做到，所以可能99%都死掉了。二级市场投资人可能更理性一些，他们只看数据，看你这个数算得怎么样，对未来、对有更大想象力的东西会看得少一些。

但是对公司来讲，有经营的部分，有理想的部分。我们可以去迎合经营的部分，让今年业绩很好，比如在线上多投些广告、多开点连锁店，那GMV（商品交易总额）就上去了。不过，我们现在开店花的钱很少。再比如，我们也可以去多做些批发让销量上去，多做点大家看不上的联名款，利润率也上去了。也就是说，我随时可以有一个比现在更好看的数字。当然，我一直认为我们的数字都是很优秀的，哪怕2022年线下零售就像"世界末日"，我们还有几个亿的利润。跟消费品公司比，我觉得我们的成绩一直都是好的，你非要更好的成绩，我也可以给你更好的成绩，但是我们会更长远地来看这件事。

**李翔**：但是对于这一套，理科生并不买单是吗？

王宁：比如这两年我们股价下跌，但是连腾讯都跌了70%，是吧？这是大形势。如果说腾讯不跌，其他公司都不跌，就我们公司跌了70%，那就是我们的问题，但如果都在跌，就是大势或者说外部综合问题导致了资本市场的变化，我觉得这是很正常的。

什么叫风险投资？就是我给你一笔钱，放到你这儿，7年或者 10 年以后你给我回报。如果我对 10 年以后的回报没信心，那这个商业模式就不存在了。那就只剩下为短期回报投资，所有人就都很关注细节、很具体，也就没办法变成一种充满想象力的、愿意为其他人的想象力买单的投资。

## 减宽加深和聚焦潮玩

李翔：你在财报里面，包括跟分析师的问答里，都会讲，潮玩是抗周期的行业。你是从什么时候开始对潮玩感兴趣的？我记得之前听人讲过，你读大学的时候就比较喜欢潮流的东西，是吗？

王宁：我喜欢潮流的东西，但是之前一直没有潮玩这个概念，所以你也可以理解为，一定程度上我们推动了这个概念在中国的普及。在这之前，我自己都没这个概念。

李翔：潮玩的概念？

王宁：对，记得刚开始创办泡泡玛特的时候，我经常去很多个国家出差，每次出差回来都会带一个玩具送给我们的设计师，也就是我们现在的艺术总监宣毅郎，送给他世界各地很奇怪的玩具，其实那就是潮玩。虽然当时我自己没概念，也没感觉，但是我也会送给他。我觉得这也是挺神奇的缘分，虽然我们当初做的都不是潮玩的事情，但实际上在很早的时候，已经开始种下这样一些种子。我记得有一次我去他家里，还看到当年送他的好多玩具。

图 2-6　2017 年，王宁在宣毅郎（左）家中

李翔：泡泡玛特当时销售的第一款潮玩爆品叫 Sonny Angel，是在 2015 年卖爆的？

王宁：应该 2014 年就开始了。2013 年我们开始跟这个产品接触，更早的时候，2012 年，我们就在韩国和日本看到过，还买了一些放在办公室，但是一直没有合作。大概在 2013 年年底、2014 年年初的时候，刚好他们也想要进入中国市场，找到我们，然后开启正式合作。

李翔：这是第一个爆款产品，在此之前你们卖潮玩吗？

王宁：其实那时候没有潮玩这个概念，回过头去看 2010 年的老视频，会发现我们还是有挺多玩具的。但是现在我也分不清楚，当年我去广州各大批发市场批发的这些玩具哪些是正版，哪些是盗版。那时候玩具算是一个品类。

李翔：我记得之前看到你在一些采访里面说，其实是 Sonny Angel 这款爆品出来之后，你才决定把潮玩当作一个主要方向去做，是这样吗？

王宁：我觉得有两个原因。首先泡泡玛特当年确实品类丰富，但我觉得也存在很多缺陷。所谓缺陷就是，我们很难去做线上业务，因为我们只是一个线下的零售平台，卖的都是别人的货，在线上没有任何价格优势、渠道优势和资源优势。所以等于我们没有办法做任何线上业务。

其次你会发现，品类特别复杂就会带来大量的库存问题、管理问题、培训问题，以及后续的陈列问题等等。

所以那时候我们就提出来要"减宽加深"。首先减少 SKU 的宽度，然后增加每个核心单品 SKU 的厚度，也就是思考我们能不能用最少的 SKU 创造最大的价值。然后就开始捋，在捋的过程中做减法。从大的减法开始做，先砍品类，再砍单品，慢慢就开始做得更极致、更聚焦。

## 跟《鞋狗》的故事一模一样

李翔：当时聚焦到潮玩这个赛道，是因为看到出现爆品，市场给了这个反馈？

王宁：当年我们开始注意到这个赛道，是因为它确实卖得太好了，能占到我们 30% 的销量。而且那时候我们为了做多品类，已经在北京和天津开了很大的店，都是 500 平方米以上的大店。我们在北京王府井开的大店有六七百平方米，还有咖啡业务。因为我们那时候想的是做很多品类，然后分区，有咖啡，甚至还有一些吃的。那时候我们就发现，这个单品可能只占店铺面积的三十分之一，有的店铺甚至只是一个小格子，但是贡献了销售额的 30%。然后我们就想，一个单品就能创造 30% 的销量，那我们为什么还要开这么大的店？或者我们能不能找到同样的单品，如果多找几个这样的单品，岂不是就不需要这么多 SKU 了？所以我们就开始思考和寻找。这是个契机。

*李翔：当时去寻找这种爆款单品的时候，除了潮玩这个方向，还有其他类型的选择吗？*

王宁：当我们把店开到很多购物中心以后，发现我们在潮玩这个品类里很独特。当然这也得益于当年的日本合作伙伴，他们比较克制，没有很混乱地去找合作伙伴和代理，那个时候北方的合作伙伴就是我们，南方他们也找了几家。后来我们不再跟他们合作，也是因为当我们往南方发展的时候，发现大家会出现矛盾。但在那个时候他们的产品还是我们比较核心和独特的东西。

李翔：后来还有合作吗，跟 Sonny Angel 这家公司？

王宁：没有了。

李翔：就是因为南北代理的问题吗？

王宁：我们慢慢开始找到感觉以后，大概在 2015 年，就开始往南扩张，包括江苏和上海。到了上海以后，我们在上海恒隆开了一家店，我觉得那家店还挺重要的，也花了血本，毕竟是最好的购物中心，我们付了最贵的房租，想要进入上海市场。

当初我记得我们合作的一个潜规则是：只要这个商场里面没有其他人卖，我们就可以卖。但是花了那么多钱之后，我们快要开业了，Sonny Angle 说："不只是这个商场不许有人卖，附近 300 米之内有商场卖也不行。"你想，我们付了这么多房租，它又占 30% 的销售额，直接不许我们卖了，那给我们的压力还是很大的。所以就开始跟他们沟通，我们提出来是不是可以做更大范围的代理？或者一起去做一些营销，甚至去做一些跨界联名款、共同创作，但是发现双方存在非常大的分歧。

举个例子，我们那个时候已经有了 MOLLY，也开始做潮流玩具的展会等，但是他们甚至不愿意把他们的产品叫作潮玩，他们觉得自己是家居类产品。我们发现双方在理念上有很大的冲突。

李翔：这个故事感觉很像耐克创业早期的故事，耐克开始的时候是代理鬼冢虎，然后双方出现了分歧，所以菲尔·奈特才自己做了"耐克"这个品牌。

王宁：其实一模一样。当年我还问过他们有没有看过一本书叫《鞋狗》。一模一样，都是代理日本的品牌，因为代理的问题大家出现分歧，然后为了找 Plan B，奈特找到了耐克，我们找到了 MOLLY。

李翔：你说完之后对方什么反应呢？

王宁：他们当年还给我们发了封邮件，大概意思是说，就让 Sonny Angel 走自己的路吧。

李翔：成年人的潮流玩具加盲盒这个模式，是在什么时候形成的？卖 Sonny Angel 的时候，就是这样了吗？

王宁：我们虽然把盲盒这个概念在中国普及了，但实际上盲盒并不是我们发明的。日本公司已经用了很多年。

李翔：Sonny Angel 当时是怎么卖的？也是盲盒吗？

王宁：也是盲盒。

李翔：所以当时就已经用了这个模式。你之前也讲过，2016 年，泡泡玛特有了一个非常大的转变。这个转变，主要就是从采买变成自己生产吗？

王宁：最大的转变就是我们开始做潮玩。我们之前也自己生产过很多东西，比如家居类的产品、毛绒类的产品。这时我们开始从一个渠道品牌变成一个产品品牌。

李翔：现在可以说泡泡玛特是一个产品品牌吗？它也是个渠道，门店里也有不少产品。

王宁：最起码消费者肯定不会认为它是一个渠道品牌。就好像你说星巴克到底是产品品牌还是渠道品牌？我们其实也差不多。

**线下店需要呼吸感**

李翔：在 2014 年做这种"减宽加深"之前，泡泡玛特是一个什么样的状态呢？有什么积累吗？比如那时候开了多少家店？

王宁：2014 年之前我们大概开了十家店。2010 年开了一家店，2011 年开了一家店，2012 年开了两三家店，2013 年开了两家店，到 2014 年大概就是十家店，我已经记不清具体数字了。但我觉得那个时候最大的积累还不是这十家门店。

那时候不像现在，大家一下子有很多钱，然后就疯狂地做品牌，给人感觉很高级、很高档。2014 年之前我们总共也没有融多少钱，两三千万。我们要开实体店，一家店光装修就得投资 100 多万。我觉得之前的四年，我们用了很长时间在积累零售管理经验和对零售的认知。

还有整个店铺状态的迭代。店和店是很不一样的。"怎么让店铺或者品牌看起来像个品牌"，这个问题听起来很搞笑，但实际上它很复杂。你现在要去开个餐厅也好、开个服装店也好，让人家一看就知道这是个品牌，这是一个系统工程，是点点滴滴的品牌营造，要体现在很多细节上，包括服务在内。我们花了很长时间。

我觉得还是需要这个迭代的过程。其实一直到2017年和2018年，我经常巡店，都想把店"炸"了重新布置一次。因为我总觉得很多细节都是乱七八糟的。比如我一度天天盯灯光的问题，到底是3000K就可以，还是3500K，抑或4000K？① 音乐声到底是大点好，还是小点好？店里整个动线的设计到底是空旷点好，还是紧凑点好？货架到底怎么陈列更好？服务到底是推销制，还是超市制？很多细节一直在看、一直在调。

**李翔：所以现在基本上应该算是开店专家了？**

王宁：也不能算开店专家。每个品牌对店的要求可能都不一样。你会发现所有的潮玩品牌都在学我们，这样可能会更快一些，毕竟可以直接把我们的产品尺寸复制一下。我们那时候其实很难，要解决的问题很多，小到一个吧台的高度。我们开第一家店的时候是没有设计师的。现在回想，我觉得那时候找的装修队也挺牛的，我手绘出来一家店，他们就看着我的手绘图再加一些照片，然后就能拼出一家店。我还得告诉他们我要的柜子的宽度和高度。我记得那

---

① K值会影响灯具发出的光的颜色，数值越大色温越高，颜色越白。

时候要研究吧台到底应该多高，自己不知道多高合适，就去参考各种大牌的吧台设计，比如跑到优衣库和 H&M 看看。但是我跑那儿不能直接拿个卷尺去量人家的吧台，于是就走过去假装看看，然后用裤兜位置比一下长度，出来之后再量。

开第一家店的时候没有概念，我记得那时候我就在店里面拿粉笔把整个店画出来，这儿是个柜子，这儿是一张桌子，然后就在店里走，感觉通道够不够宽等等。因为已经有了在大学开店的经验，那时候还会天天算成本。比如一张桌子，中国 99% 的板材都是 1 米 2 乘以 2 米 4。不管做任何家具，你去买板材，都是 1 米 2 乘以 2 米 4 的尺寸，那就意味着我要做的桌子的宽度肯定要以板材的宽度为标准来切分，这是最省成本的。比如我要做的桌子是 30 厘米宽，那就可以切 4 块，40 厘米宽，可以切 3 块。但如果是 50 厘米宽，那每一块板材都会有浪费。我们那时候就会通过这种计算尽可能地节省板材，同时还能够打造一个体验良好的店内通道。

**李翔：装修队是你们公司的吗？**

王宁：不是，我那时随便找了一支装修队。现在我们一家店的平均装修成本要六七千块钱一平方米，按照这个标准，当年我们在欧美汇（北京中关村的一家购物中心）的那家店，装下来要七八十万。但是 2010 年开店的时候，装修只花了不到二十万。

那时候为了省钱，有很多很有意思的故事。比如，我们当初做了两个柜子，做完以后发现效果不好，因为柜子里没有装灯，摆放一些产品看上去很暗，不好看。我们就想怎么在柜子一层一层的隔板上加一些灯。但是之前并没有设计电线，怎么办呢？我们就去六道口，那边有一个建材市场，建材市场门口有一排工人拿着纸牌坐在路边，纸牌上面写着"我是电工"或者"我是木工"。我们就去找电工，跟人家谈："你来给我装一下这种灯怎么样，要多少钱？"我们买好灯后找了两个电工，我记得花了1000多块钱。两个人从晚上10点钟闭店的时候开始装，一直装到凌晨3点多。我们也在旁边熬夜陪着，3点多装完了，我说太好了，咱们终于可以回家睡觉了。电工说不行，他们必须在这儿待着。我问为什么。他们说，地铁还没开始运营。他们没有私家车，没有公交、地铁，打车对他们来说太奢侈。当时是大冬天，幸亏那时候我们还卖衣服，于是我就找到一些报纸铺在地上，然后拿衣服一盖，在店里面睡到6点多地铁开了，才把电工送走。

李翔：如果是这么过来的，今天装一平方米要六七千，会不会觉得太贵？

王宁：整个门店的标准不一样了。周一我们开会还说过这个问题，但是有时候也没办法。一个企业的终极目标肯定是用规则来管理，但是过程当中又不可能完全用规则管理，比如可能公司小的时候是"人治"，很依赖个人，或者说很依赖某个小组的人。但是公司慢慢变大以后，我的管理就变得有限，也没有办法进行那么全面的管理，于是就需要制定一些规则。但是两者比例到底是多少，还是需要大家去拿捏的。

我们那时候要开一家店，所有人都在赶，争取第二天一定要开业，多开一天就能多卖几千块钱，哪怕多开一个小时也能多卖一个小时的钱。早年开店肯定各个环节都会卡，物业要卡，某个检查的水电工和某个验收人员卡，商场也要卡。他们有各种各样的理由，可能对他们来讲无所谓，比如今天该验收了，但今天是周末不上班，等周一再说，但是对我来讲，提前一天验收，我就可以多卖一天。那时候就是用各种方式、想尽各种办法，自己监工也好，请物业经理吃饭也好，就是为了早开半天或者早开那么几个小时。那时候我们还总嘲笑旁边正在装修的大品牌，人家根本就不在乎这些，晚开三五天也无所谓，但我觉得这些都属于成本。

所以一个企业怎么让大家不完全局限于规则，让大家有些主人翁意识？就像你说的，一平方米七八千块钱的装修费让人吐不吐血、生不生气？怎么在一个既有的条条框框和预算里，挑出很有担当的人解决很多小问题，是值得研究的。

李翔：现在你们变成被旁边的小品牌嘲笑的对象了吗？（笑）不过你刚刚讲的在公司很小的时候各个环节都来卡你，我印象还挺深的。早年间我也听一家后来做得很大的公司的联合创始人讲过，他说："我们当年其实就想做一家小而美的公司，但后来发现不行。那时候做公司，只要你小，所有人都欺负你。"

后来你们的零售店面的迭代会很快吗？迭代过多少次？你还

有印象吗？

王宁：那时候迭代会快一些，因为要找到适合的设计师、适合的陈列方式，都是很难的。柜子有很多种，陈列也有很多种，有些是挂钩的，有些是堆叠的，有些是平铺的。我们这个品类到底怎么展示产品才能够既有品牌感又不显得凌乱，之前我们做了很多尝试。

**李翔：你们从什么时候开始有了自己的店铺设计师？**

王宁：现在我们有这个部门，但是很多店铺的设计还是会请外部设计师参与，相当于有很多外部设计师来做整个店铺设计，把店铺当作一件作品去做，那是他们的创作。当然有些相对核心的设计，我们认为可以复制的，就会去延展。

**李翔：开始的时候都是你自己设计店铺？**

王宁：只有前两家是我设计的。后面就开始依葫芦画瓢，我们觉得这家店的这个柜子挺好看，拍张照片；觉得这张桌子挺好看，拍张照片，然后到世界各地找各种品牌去看、去学习、去融合，但是没有自己的语言。

**李翔：自己的语言也是在聚焦潮玩之后才出现的吧？你们在设计自己的店铺的时候，有比较有意地去参照或者对标一些你们认为做得很好的店铺吗？**

王宁：刚开始的时候我们肯定会参照跟我们品类差不多的店铺，比说参照日本的杂货品牌 LOFT。其实参照了很多店铺，看它们怎么做、怎么陈列。

李翔：从一个开店人的角度来看，今天你会觉得哪些店铺是你走进去之后，感觉很舒服，它整个设计是有自己的语言的？

王宁：我自己有一个标准，我觉得优秀的品牌一定不是在卖货，一定不只是输出产品，它一定是输出文化。文化是什么概念？文化是指品牌有自己的一种理念，然后通过它的产品和营造的整个氛围，把它的很多理念和想要表达的东西表达出来。就好比你来到无印良品的门店，就知道它崇尚极简文化。没有人给你上课，都是大家自己总结出来的。你来到宜家，也会知道宜家想表达什么东西。你来到星巴克也会有这种感觉。甚至你来到麦当劳，就知道它是快餐，它的氛围就是你吃完赶快走，接着忙你自己的事。

我发现无论哪个行业，无论做什么产品，优秀的品牌一定有很强的文化包裹感。这也是为什么我很喜欢线下。就像教堂一样，进去以后整个人的感受是立体的、全方位的，会让你有一种包裹感。所以我认为最好的品牌，一定是从产品到服务，再到空间都给人这种包裹感。

李翔：你是一个喜欢逛线下店的人吗？

王宁：是的，我喜欢逛街。我去很多城市，比较大的乐趣就是暴走，今天叫 City Walk（城市漫步）。但我走得很快，我逛街并不只是为了买东西。有时逛得多了，就会注意到大多数人不会注意到的东西。比如我会发现这个材质、这个门头的设计不错，那个灯挺好。这是因为我已经收集了很多信息，知道哪些是新的，哪些是旧的，哪些是好的，哪些适合我参考，哪些是对我有用的，谁家的广告牌不错，谁家袋子的包装设计好看，有无数个细节会被我注意到。

李翔：你这种逛街完全不是以消费者的视角来逛，而是以开店人的视角来逛。

王宁：或者说是从做品牌的视角，也会看这些人到底在干吗，年轻人最近喜欢什么东西。

李翔：你最近逛过你认为年轻人很喜欢的店吗？

王宁：我一直逛店，每周都会逛很多店。咱们聊过，我们一行人自驾 4 天去了河北和山东的 11 个城市。除了我们自己的店，也看了很多当地的商场，看到了很多我觉得还不错的店，虽然可能跟我们做的事情没关系，但是我觉得它们很聪明。比如说喜茶的很多经营方式就很聪明。喜茶开的店没有那么大，它想节省成本，又想给大家可以待着的空间，怎么办呢？我去山东，发现有些喜茶的店，就在店门口放点植物，然后摆上好几把户外折叠椅。你会发现它用了最省钱的办法，但是又让大家能有很特别的感受。因为这两年户外休闲很流行，所以我坐在店外面还会有一种特别的品牌感受。对喜茶来讲，其实是用了较少的钱，为顾客提供了更好的感受。我觉得这些都是值得去看、去学习的。

**李翔：**你在逛店的时候会看什么，跟你去自家门店类似吗？你现在还会巡店吗？巡店应该有先看什么、后看什么的流程吧？

**王宁：**我们现在的店很成熟了，可能就不会像之前，我总想把它"炸"了全部重来一遍。所以现在是大毛病没有了，都是些小毛病。小毛病都是具体细节，不管是服务方面的还是陈列方面的，我们运营部门的同事会挑出很多。

我喜欢感受氛围，你可以理解为这是一种精神嗅觉。我相信每个人都有这种精神嗅觉。这是我比较关注的。所以我现在逛店很快，我甚至可能都不进到店里边，远远看一下就知道这个店可不可以、状态好不好。

**李翔：**你说你在 2017 年、2018 年前后还会有想把店"炸掉"的冲动，为什么？是门店有硬伤吗？

**王宁：**也不是硬伤。从 2015 年、2016 年开始，我们砍了很多品类，开始聚焦潮玩，这是一个探索的过程。比如我们到底开多大的店合适，以前我们可能开五六百平方米的店，而刚开始聚焦潮玩的时候，我记得我们在三里屯太古里开了一家 50 平方米的店，生意非常好，可能那家 50 平方米的店的销售额比之前五百平方米的店都高。所以那时候就做极致的坪效管理，摆放更紧凑的陈列柜，当然那时候 SKU 也少。后来随着 IP 数量和产品的增加，品类丰富了起来，门店肯定也需要调整。我觉得这是一个分久必合、合久必分的过程，以前是从多品类聚焦到潮玩，做了潮玩以后开始有 IP，当然要开始提供更多的 IP 衍生品，相当于品类又慢慢在以 IP 为核心向外扩张。既然这样，门店的空间也需要跟着调整。

我们曾经尝试过完全没有呼吸感的空间，可能就是 50 平方米大小。后来就尝试大一些、有一点呼吸感的空间。

李翔：什么是呼吸感？

王宁：所谓呼吸感，是指 IP 跟人可以有一些互动。比如这个柜子什么用都没有，就是摆些 IP 装饰，让大家可以拍照合影。比如整个店里边会有些空间，供大家坐下来休息。我会发现就像做实验一样，有些时候有呼吸感挺好，有些时候太有呼吸感，魂就散了。所以这也是要一点一点尝试。包括我们内部的一些思考，门店多大最合适，IP 陈列怎样最合适……都是在不断尝试。也许今天我们认为这是个好方案，可能明天还需要改，因为我们自己也一直在变。

李翔：你到不同的城市，有没有哪些品牌的店是你一定会去逛的？比如很多逛店的人一定会去逛当地的苹果零售店。

王宁：没有哪个城市、哪个店我一定会去逛，但是我一般会逛商场。一圈下来，其实很多店都能看到，都会扫一眼。

## 做减法不是减亏钱的产品

李翔：我看之前相关报道提到，2016 年，泡泡玛特的外采产品能占到超过 80% 的销售额，但现在可能只占百分之十几。这个转变的过程，应该是需要付出很多努力，并且也有一个学习过程吧？

王宁：我觉得大家没有必要把它想得这么教科书化，但这个过程肯定是艰难的，因为要选择砍掉一些东西。我见到的多数企业是不愿意做减法的，因为做减法是个很痛苦的过程。大一点的企业做减法就意味着要裁员，意味着某个部门可能就没了，那这个部门的人肯定不想被做减法。

而且，做减法并不是说减掉的都是那些亏钱的产品。对我们来讲，不可能说店里面 80% 的产品都是不挣钱的，然后把它们砍掉。你想想看，当年 Sonny Angel 占我们 30% 的销售额，那还有 70% 的销售额是其他品类贡献的。真正需要勇气的是把那些曾经还很赚钱的、扛着销量的品类砍掉。然后既然做了选择，就要坚定地执行。

当然这也是需要时间的，你不能立刻砍掉，毕竟还是个生意，也需要一个过程。

李翔：我的理解是，当时泡泡玛特还没有那么大，是不是这种痛苦会稍微轻一点？可能对大公司而言会更难、更痛。

王宁：我一直说我们的理念是尊重时间、尊重经营。我前两天跟刘冉，一个跟我工作很久的同事聊天，发现她的一个说法挺有意思。她认为泡泡玛特属于做决策快、做事慢的公司。比如，我们做乐园也好，做游戏也好，做电影也好，做决策是很快的。就像刚刚聊的砍品类、聚焦潮玩，这个决策我们也是很坚定、很快就做出来了。但我们做事慢，我们不属于那种马上很潦草地做完，或者没有想清楚怎么做就赶紧弄一个样品出来。这就是我们要避免的不尊重时间，一刀切地、急迫地执行。好，我今天决定做乐园，就要一口吃个胖子，搞个大乐园。我说我要做电影，然后不管怎样，立刻就得做出来。所谓做事慢就是，我们相信时间的力量，我们慢慢来、慢慢做，但是要做就要做好、做对。

李翔：会不会因为太慢，团队就会忘了这件事，忘了之前做的这个决定，也会考虑老板是不是在这个过程中改变了想法？

王宁：大事都不会被遗忘。虽然不能说我们吹过很多牛，但你确实能找出当年的报道：王宁讲5年以后泡泡玛特可能是国内一家像迪士尼的公司，会做迪士尼那样的IP周边产品。再比如更早的时候，我们就说我们在做潮玩。这些决策几年前我们都已经做了，我们早就布局了，就是想要做这些东西，但是我们会留足够长的时间，慢慢做。

李翔：就是目标其实一直很坚定，只不过过程可能稍微长了一点。

王宁：不会给大家太多的压力。比如电影部门和游戏部门也在大笔投资，但在每周的总监会上，他们有可能一两个月也不说一句话，我也不会催他们。他们不是必须给我讲一下最近的进展。

**李翔：有些事情很难，确实不能每周都有进展。所以当时砍品类的过程也是比较慢的？**

王宁：肯定需要一个过程。比如我们现在还有不到 10% 的外采，我们预计两年之内外采可能就没有了。也就是说，以后你见到的泡泡玛特门店里应该百分之百都是我们的东西，但是毕竟它还有几个亿的体量，所以需要慢慢来。

**李翔：尊重时间，包括做决策快，但是做事慢，是不是跟你的性格有关系？你应该不是一个很急躁的人吧？**

王宁：有可能，但我认为是因为我很早就过了那个阶段。早些年我们做的很多事情都是靠想法，我们认为自己很聪明，有一些天才的想法，然后就做成了一些事。比如我们聊过，大学时候拍纪录片或者开格子铺。你觉得自己比别人聪明，然后你有个想法，你就抢跑领先一步。现在我觉得，小成就没有问题，但是要做一个大企业，就会发现，想法已经不重要了，特别是现在这个社会信息已经可以快速传播，已经没有所谓的"信息不对称"了。可能早些年很多的商业成功都是靠信息不对称来实现的，但现在信息传播非常快速，解决掉信息不对称的问题以后，其实大家比拼的就是对一件事情的投入，看谁专注、花时间去做事情。

你可能也发现了，改革开放刚开始的时候，那些企业家都是胆子大，只要你胆子大，可能做什么都很容易，但是现在很不一样。以前可能一个企业能招到一个大学生都很不容易，现在可能连送外卖的人都是大学生了，一群清华、北大的学生创业也不一定能行。做企业的难度比之前更大，相当于整个竞争的门槛和进入的壁垒都更高了。不是说只有老板一个人厉害就行，还需要有成体系的、非常牛的同事，做市场的、做营销的、做产品的、做技术的人才都得有。公司的每一项能力都要很优秀，在这么残酷的竞争下才能够有胜算。

当你明白这些的时候，你就会理解尊重时间和尊重经营的重要性，不是说什么都可以用钱购买，还是需要积累。当年我认为的那些不尊重时间的公司，就是相信钱可以解决一切问题，比如一年之内花多少钱把各个公司最牛的人都招过来，但是实际上人和人的熟悉是需要时间的，你要了解我是什么性格，我也要了解你是什么性格，才能知道咱俩怎么沟通，彼此怎么更好地取长补短，如何能够给对方建议，或者如何相互鼓励。哪怕我们这些最好的朋友，也需要一段很长的时间积累信任，也许要几年才能积累下来，何况是一个包括几千人、上万人的公司呢？你要筛选，这个人到底行不行，是不是可以跟你一起走下去，这些都是需要时间的。不管做任何业务，到最后，时间和经营也要回到人和人之间信任的积累，毕竟什么事都需要人来做。

李翔："尊重时间，尊重经营"是什么时候提出来的？

王宁：很多年前，在2014年、2015年的时候。当时我们公司才100多人，走到现在几千人，基本上所有人都知道这句话，大家都对这句话有自己的思考。

李翔：对于"尊重时间"，会不会有人认为，这就是一句自我安慰的话？尤其是当你们的规模不是很大的时候，因为确实有重速度的公司。

王宁：其实之所以提出这句话，是因为我们刚好在那个时候经历了最狂热的创业潮。大概从2010年开始，一直到2018年，是创业爆炸的阶段，而且多数创业者都是拿着PPT融资，业务本身有可能不怎么赚钱。大家都是看谁的估值高，看谁又融到了哪一轮。很多人，特别是互联网创业者，就是看有多少DAU<sup>①</sup>，然后就可以融到多少钱。那个时候大家比拼的都是速度。那是疯狂砸钱的阶段。我觉得那个阶段给了创业者很多浮躁的东西。

## 到恒隆开店

李翔：你刚才说泡泡玛特进上海是到恒隆开店，那时候的店跟现在的泡泡玛特，应该是完全不一样的吧？

---

① Daily Active User，日活跃用户，通常指一天之内使用某产品的独立用户数。

王宁：还是有些共同点，我手机里还能找到照片，2013 年的店里，严格来讲，也有一些潮玩类产品，比如超级马力欧。当时也卖项链、眼镜，还卖包、香薰。那时候店里的一些柜子可能跟我们的风格根本不搭，也没什么实用性。那时我们去世界各地逛，觉得这些柜子挺好看，就决定放几个。

*李翔：你很喜欢去这种房租很贵的地方开店吗？比如刚进上海就去恒隆开店？*

王宁：恒隆是有故事的。我有一段挺有意思的经历，当年大学快毕业的时候，其实我没有想过来北京，那时候我特别喜欢上海，我喜欢上海这种城市感和商业感。2009 年年初，我进入实习期，过了年，我坐着火车去上海，住在我一个堂哥租的房子里，睡沙发。然后就开始找工作，我那时候想的是最好能够待在上海。当时还没有线上投简历的方式，都是去线下参加招聘会，然后现场投简历。我记得每次投简历都是去上海体育场，我都是坐地铁到徐家汇站，下地铁从徐家汇的商场出来，然后步行到那个体育场。那时候我最熟悉的就是徐家汇。

2009 年，刚经历过 2008 年金融危机，全球经济也是一片萧条，我们也受影响，会场每个周末都是乌泱乌泱的人在找工作，那时候电视每天播报和讨论的都是今年的失业率、大学生难就业。乌泱乌泱的人群中，说不定还有我被拍到的画面。（笑）

当时我拿着简历去投了几家公司，我发现还挺容易，投了六家，其中有五家都说我下周一可以去复试。但是五家都是星期一让我去，我就得选一下，然后我就选了一家做企业培训的公司。因为那时候我已经在学校开店了，我要给大家创造更大的舞台，我需要去看看外面的世界，去学习一下企业管理，而这家公司是教别人怎么做企业管理的，那我就决定去这家公司参加面试。但是人家有个要求，去面试必须穿西服。那时候我根本没有西服，心想得赶快去买套西服，然后就从体育场回到徐家汇，去了恒隆。那时候我不认识商场里的任何一个品牌，甚至也不知道恒隆是个什么级别的商场，但是进入恒隆以后，发现自己的钱连一条领带都买不起，一条领带都要两三千块钱，我才知道恒隆里面卖的都是奢侈品。我朋友就说："不行的话就去南京东路，那儿有个海澜之家，全国统一价，估计有 1000 块钱以下的西服。"然后我就从徐家汇跑到南京东路，真的找到了海澜之家，也真的有 1000 块钱以下的西服。但是，我发现海澜之家旁边有一条"假货一条街"，有假的皮尔·卡丹之类的西服，280 块钱一套，我试都没试，直接就买了一套。周一我就参加了面试。

面试过程也很神奇。到了那家公司，先进入一个大会堂，上午也不面试，先"洗脑"，给我看很多东西，看完以后，就有专门的主持人过来说："下面有请我们的张总讲话。"然后就全场放音乐，张总进来跟主持人拥抱，接着讲话。到了下午，还要分组团建，做各种活动，一直到晚上，整整一天。我那时候还在想，这家公司怎么搞得像传销一样。然后就有人过来跟我说："恭喜你进入第二天的复试了。"第二天接着"洗脑"。一周时间就这样浪费了。后来我就不敢去了。

第二周又去招聘会现场，这一次发现没有之前那么幸运了，但还是有一家徐家汇的公司，号称自己是做外汇的，给我发了 offer（录用通知），一个月工资大概 1800 块钱。我还挺开心的，因为那时候我就只知道上海的徐家汇，这家公司就在徐家汇的一栋叫飞洲国际的楼里办公，我觉得挺好。我回到家之后，拿 offer 给我哥看，我哥一看就给扔了，说："这些做外汇的都是骗人的，骗完自己家里人你就没有价值了，公司就会把你开掉。"

我那时候第一次感受到了在大城市生活的孤独感和漂泊感。我琢磨着做生意。做什么生意呢？我就想自己需要什么？我在上海买了什么东西？然后突然想到我买西服的经历。那时候全上海那么多找工作的人，金融危机之后很多公司招的也都是销售类的岗位，但是大学生应该都没有西服，更不知道在哪儿能买到 280块钱的西服。如果我弄一批西服去招聘会现场卖，就卖 200 多，我相信肯定很多人会喜欢。然后我就找朋友，跋山涉水去很多地方找货，最后在杭州批发了一批西服。

回到上海我跟人聊，又是四处碰壁，人家根本不搭理你。反正就是面临各种挫折，这个事情到最后也没弄成，然后又把一批西服拉回了学校，现在还有很多西服放在我家里。（笑）这个经历导致我觉得上海的包容性不是那么强，所以后来就放弃了上海，又回到学校。一次偶然的机会，我就来到北京。

上海的店开业的时候我还发了条朋友圈。恒隆对我有很大的意义，那个时候就是把恒隆当作另外一个世界，是一个我刚来上海根本买不起东西的地方，后来有一天我把店开到了这里，我觉得还是挺特别的经历和感受。

李翔：你们现在自己的新员工入职培训，有人会说你们"洗脑"吗？

王宁：我觉得是不一样的。我不喜欢"洗脑"，有一段时间很多企业很亢奋，比如理发店还得跳集体舞蹈。我一直没有做，我也不喜欢，可能跟我们的属性有关系吧。

李翔：潮玩公司应该还是比较讲究个性的，然后就会吸引一堆不靠谱的文艺青年加入。（笑）

王宁：但我还是会给大家说很多我认为对的理念。

## 供应链是系统性的

李翔：2016年开始你们从外采到自己生产的这个过程中，其实是需要自己建立工厂供应链的，可以这么理解吗？

王宁：反正我们从这一年开始，就去学习供应链，去跟工厂聊。刚开始时工厂对我们非常不屑，我们去跟它谈价格、谈产能，工厂说："你们现在还太小，你们占我们产能的比重只有1%。"现在像这类工厂我们都至少已经占到它 70% 的产能了，也都是从它们 1% 的产能开始合作的。当然同时也是在慢慢学习怎么做产品，如果回头再看当年的产品，这几年我们的产品跟当年还是有很大差别的，有很大的进步。

很多人关心这个产业，但是有一点我觉得非常关注它的人也忽略了。有些人关注的是潮玩，有些人关注的是 IP，有些人关注的是盲盒，但有一个被人忽略的点是这件事情为什么火。我认为它能够成功的核心还是在于，把那些原本高单价的、非工业化体系的东西，变成了让很多人可以轻易买到的东西。比如，原来 MOLLY 对普通爱好者来讲，是一种买不到的东西。

打一个可能不恰当的比方，梵高的作品以前都是挂在博物馆的，现在有了照片打印技术和丝网印刷技术，每个人只要花 10 块钱就能买张画挂在书架旁边。商业化和工业化是一个核心因素。当然你为什么挂梵高的画而不是其他人的画，这是和 IP 有关的。很多人说，我们火起来是因为这个 IP，但是 IP 只是其中一个因素。就跟我们说盲盒一样，盲盒肯定不是销售火爆的唯一因素。我是买了一个原本我很喜欢但是我根本买不起，由于工业化，我又有能力购买的东西。我觉得这是很重要的因素。

**李翔：这个工业化的过程痛苦吗？**

王宁：为什么每次都要聊痛苦啊？你为什么会觉得痛苦？（笑）

李翔：因为我觉得它是个很难的事情，你要去跟工厂谈，人家还很不屑。你还要标准化，要控制它的质量，这些你之前还都没有做过。

王宁：当初我们去接触很多工厂的时候，会发现好一点的工厂都是接日本的订单。在我们谈合作之前，绝大多数工厂是没有接过中国订单的，因为中国订单跟日本订单完全是两个逻辑。我们也是最早这么做的中国玩具公司，完全按照好的日本订单的流程来生产。

李翔：会有什么差别？

王宁：国内很多订单是这样的：我想做个东西，然后打印一张照片、一张图，就去找工厂，问对方能不能把这个东西做出来。日本公司想做一个东西，发给工厂的是很厚的一本书，里面会写明这个东西的前后左右是什么样子的，它的材质什么样的，它的颜色什么样的，它的分模线应该怎么弄，它的配件具体是什么样子的，会很详细地给你一一列出来。这是我们在中间学到的，而且也是一点点成长的过程。当然我们也间接培训了很多中国的工厂，大家也开始按照一个非常系统的规范来做产品。这是真正让一个产品工业化的过程，以前大家对玩具的理解，没有觉得它需要像手机一样那么精密。

李翔：所以你们现在也有很厚的一本产品书了？

王宁：从最开始的时候，我们就学习了日本公司下订单的做法，每次下订单都是很厚的一本书。

李翔：当时你们去找那些为日本品牌、日本公司生产产品的工厂，我理解应该也是有一定的困难吧？你需要说服它们吗？还是说只要给钱就可以？

王宁：刚开始是先有一些间接合作。比如我们之前代理过日本公司的产品，我们会帮这家工厂去消化一些它们为日本公司生产、在中国销售的产品，形成一种初级合作，然后再一起合作做一些生产，再慢慢学习，是这样的一个过程。

李翔："痛苦"是你自己说的。（笑）你讲自己砍品类很痛苦，其他的事都不痛苦是吗？

王宁：如果非要说痛苦，每一天都很痛苦。我的朋友圈，这么多年一直写的都是那句签名："事者，生于虑，成于务，失于傲。"我见过太多创业者，包括我自己在内，大家都是很焦虑的。这种焦虑很多人刚开始是适应不了的，因为你为别人工作的时候可能没有这种焦虑。我上班的时候其实挺快乐的，一旦创业，24小时都在创业，而且每天都要面对很多不确定的问题。所以那些把公司已经做得很大的创业者，还会说自己很焦虑。

我也见过很多初创企业的创始人，刚开始的时候他没有办法面对这些焦虑，这反而会让他更焦虑。我觉得只能适应，并不是说你做大做好，这种焦虑感就会消失。一旦你选择了这条路，它就会永远存在，只不过是思考怎么跟它和平相处，正确地认识它。后来我们觉得焦虑是一件好事，焦虑说明你还有问题，在解决这些问题的过程中你就会成长。

李翔：对世界是有感知的，所以你才焦虑。

王宁：对。所以说痛苦是好的，因为有痛苦，说明你能够感觉到自己还活着。

李翔：你说你快乐的时候其实是上班的时候，但你肯定不愿意回去上班了。

王宁：我们再多聊两句焦虑和痛苦。很多记者采访都喜欢问一个问题："你最难的时候是什么时候？是什么样的？"可能大家觉得我就像选秀节目里的选手那样，马上就不行了，很痛苦、很难受、很煎熬，会痛哭流涕。我真没有这种故事，哪怕有这种时刻，我觉得我也是很好地挺过来了，没有那种讲出来就感天动地的故事。

我觉得创业是枯燥的，创业每一天都有很细碎的小问题。如果有大问题，大家就一起面对、解决。创业是日复一日的，不是像电影、电视剧里面演的，好像就那么几个大的核心抉择，做对了就一飞冲天，做错了就怎样怎样，其实它是很关注细节的，每一天都是。

李翔：有一种说法是，最好的公司都是没有故事的公司，就是很枯燥。你怎么化解你的焦虑？

王宁：我觉得在不同时期，方法也不一样。现在的话，第一是正视它，焦虑说明我需要成长，只要我想要公司成长，我就不得不面对这些焦虑。第二是进行适当的自我调节。要找到自己调节的办法，比如我可以通过多种办法让自己内心变得更强大，不管是看一些哲学、宗教类的书，还是去跟一些朋友聊聊天，或者去找那些比我更牛的创业者来鼓励自己，抑或去找比我更痛苦的创业者，寻求安慰。

李翔：你们有吃过供应链的亏吗？我碰到好多人都会讲到这个问题，要么就是产能不足，要么就是库存太多，总之供应链就是搞不好。你们有过这些问题吗？

王宁：供应链是个很系统的事情，不只是生产产品的叫供应链，物流体系也叫供应链，三天送到还是一天送到，肯定是不一样的。还有订货体系，为什么订这么多货？订货的科学程度怎么样？以及门店自己的任务、KPI（关键绩效指标）是怎么定出来的？其实它是一整个链条。当初生产的时候，为什么一下生产这么多？为什么不是分批生产？分批的话，每一批应该生产多少？比如我总共要生产 10 万套，是 10 万套直接生产出来，还是分"3+3+3+1"，还是"5+4+1"？到底怎么找到和把控最适合自己的节奏？可能这里面的一点点改进，就是整个系统的进步。当然你会发现每个环节可能都出过错误。

李翔：出错误怎么办？

王宁：解决问题呗。我们有过很多很好玩的故事，比如有一年比较痛苦的一件事是，那年双十一我们做了一个福袋活动，那时我觉得这个活动其实还是挺成功的。我们从来不打折，因为我们的产品很受欢迎、很火，但是又想参与双十一，那怎么办呢？为了不影响品牌，我们就想了一招，弄一个福袋，比如我们的产品本来69元一个，但是现在只需要99元，消费者就至少能收到两个产品，收到两个产品就算打折了，还可能收到3个、4个、5个。还有一个199元的福袋，最多可以收到8个。除了数量不同、款式不同，对买的人来讲肯定是划算的。

那一年我记得好像卖了五六万单福袋，这里面有3个产品的最多，比如福袋里装了3个的有3万多单，4个的几千单，5个的再少一点⋯⋯这样阶梯递减下去。一切都很成功，策划很成功，营销很成功，卖得也很成功，当天应该就有一千多万元的销售额，一小时之内就卖完了，大家也都很喜欢。但是就是在一个我们所有人都没想到的环节出了问题。

李翔：哪个环节？什么问题？

王宁：福袋都是已经提前打包好的，装3个的放在一个区域，装4个的放在一个区域，装5个的放在另一个区域。双十一的物流很紧张，只能够每天分配给我们几辆卡车发货，每家物流的运力都很紧张。那时候负责仓库发货的人员没想太多，结果物流那边就犯了个错误，第一天只发出去了装有 3 个的福袋，3 万多单，因为多嘛，所以发货就先发出去了。结果第二天我们直接被骂上热搜，说："泡泡玛特虚假营销，你们不是说有 4 个、5 个、6 个、7 个的福袋吗？为什么我们收到的都是 3 个的！"网友就全网征集到底谁收到 4 个、5 个、6 个的福袋，然后全网没有一个人收到。

那时候公司的压力就很大，因为这还是双十一挺大的一个活动，所有环节都计划好了，唯独就出现了一个被忽略的细节，结果让所有人都认为这是虚假营销。第三天我们开始出声明，说这是我们的一个失误，是因为物流的问题，大家陆陆续续就会收到装 4 个、5 个的福袋。但是骂我们的人肯定是已经收到福袋了，他不可能再收到新的装 4 个、5 个的福袋，还是会接着骂，然后会说："肯定是因为你被骂了，所以赶紧补发其他福袋。"

像这种案例，都是属于过程当中一个小的环节没考虑好，出现了失误，结果就会带来一些很大的问题。我们每年 11 月 17 日公司周年庆，都会去做一个小的管理层团建。那时候团队还小，一二十个人。团建的时候，因为双十一出了这个问题，物流的负责人，一个出生于 1983 年的大老爷们儿，在那儿哇哇哭。

李翔：觉得对不起公司是吧。

王宁：他自己压力真的很大。

李翔：那是哪一年双十一？

王宁：2017 年。其他人还在旁边唱歌，他自己在这边哇哇哭，身边的人就安慰他。这也是供应链的问题。所以供应链真的是一个系统性的事情，需要每个人、每个环节都配合好。

03

# 组织化与全球化

## 再次错过泡泡玛特

李翔：所以公司内部其实应该做一个错题集：我们办过的蠢事。（笑）你之前讲过很多次 MOLLY 的故事，说就是因为在微博上问了一个问题，问大家除了 Sonny Angel，还喜欢什么，然后你根据留言发现了 MOLLY，接着去找艺术家。这是一个真实发生的事情，还是说就是一个故事？

王宁：一个真实的故事。

李翔：确实就是在微博上征集到的？

王宁：对，确实是我们在问。关心泡泡玛特的人都知道这个故事，那条微博下 50% 的留言说的是 MOLLY，但是实际上大家在列了其他名单，有很多我们也是通过这条微博知道的，然后也找到了。

李翔：当时你们上门去找艺术家，艺术家本人需要被你们说服吗？

王宁：其实在我们进入这个行业的时候，艺术家生活在一个并不是那么好的状态里。因为大家都没有商业化，并没有哪家公司真正把这个行业给做起来，所以艺术家的收入很微薄，不管是该有的尊重，还是该有的市场和收入，他们并没有获得。我常说当时他们就很像在餐厅唱歌的周杰伦，虽然很有才华，但是只能在餐厅唱歌。

李翔：当时你跟他们讲过"怎么通过工业化的方式让更多的人买到艺术品"这种听上去很大的道理吗？

王宁：当然。当时我找到王信明的时候，MOLLY 一年只卖几百个。我跟他说，我的目标是一年要卖 100 万个 MOLLY。那时候他其实是不敢想象的，或者至少他认为这是一个很难实现的目标。但是现在 MOLLY 一年不止卖 100 万个，1000 万个都有。后来能做这么大，也超出了我们当年的预期。

李翔：如果一年只卖几百个，但留言的人里面竟然有 50% 都在说 MOLLY，那确实是小众里面非常受欢迎的。

王宁：对。如果你现在去大街上问一个普通人，你知不知道奈良美智、空山基 [①]、村上隆？可能绝大多数人都不知道这些名字，但是

---

① 日本超现实机械画家。

人家在当代艺术界确实已经很牛了。而且在大家还不知道奈良美智是谁的时候，可能很多人就买过他的作品的假货。很多年前《蜗居》火的时候，电视剧里面出现过一个梦游娃娃，女主角海藻去买那个玩具，因此有一段时间，全国都在卖梦游娃娃的假货。但是大家不知道它其实是一位艺术家的作品。

如果我们能够把他们的作品变成更大众的产品，其实不管是从受众还是从作品本身，都是非常有意义的。

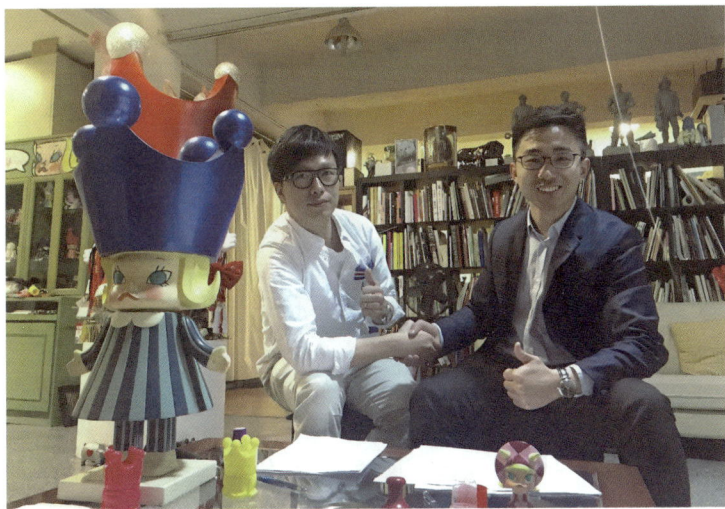

图 3-1　2016 年，王宁与 MOLLY 创作者王信明（左）签约

李翔：创作出 MOLLY 的艺术家王信明也去了泡泡玛特业绩中期发布会现场，你们现在是一种什么样的关系？他跟你们是朋友还是合作伙伴，还是同事？艺术家跟你们的关系应该怎么描述呢？

王宁：我觉得这三个可能都是吧。既是合作伙伴，大家一起做事情，同时又是朋友。

**李翔：他是你们的投资人吗？**

王宁：他不是投资人，但是我们会分给他一些股票。

**李翔：那其实也算投资人了，持有你们股票。**

王宁：不是。这里面有本质的区别，投资是他要投钱给我们，分股票相当于我们用股票激励他。

**李翔：所以当时你们都没想到 MOLLY 会这么成功，包括你自己也没有想到。**

王宁：我们在巴黎开了一家店。上个月我去看了看，店开在巴黎第一区，黄金区域，一个很好的购物中心里。2010 年，吹牛都不敢吹有一天要到巴黎开店。我觉得这还挺神奇的，也挺有意思。

**李翔：所以说现实比理想更伟大。从什么时候开始，你心里面会觉得这家公司应该能活下来了，不会再担心它可能会挂掉？**

王宁：我觉得是 2014 年我们拿到第一笔 A 轮融资的时候。虽然拿的钱不多——2000 万，但是那时候对我们还是挺重要的。因为那时候我们刚被人虚晃了一枪，处境非常艰难，拿到这轮融资，才算好一点。

李翔：当时大部分投资机构应该也不太理解你们的模式吧？

王宁：为什么那么多机构都错过了泡泡玛特？当然有人说，你永远赚不到你认知以外的钱。但是无论有没有赚到钱，很多投资人依旧对我们充满质疑，还是没看明白。再过三五年，当我们的价值真正展现的时候，这个故事会重演。如果再给一次机会，他们可能依旧会错过。

李翔：对于公司现在的增长速度，你比较满意吗？2018 年到 2020 年，应该是增速最快的一个时期吧？

王宁：我们 IPO 的时候递交的是 2019 年的财报，那时候的销售额是 16 亿，大家觉得很兴奋，因为我们是从 2018 年的五六个亿涨到了 16 亿，相当于增长了 200%。但后来就到了 100%、50%，去年（2022 年）只有百分之几的增长。销售额既要看增速，也要看绝对数，看现在公司的体量。去年很多人说泡泡玛特要黄了，但是我们 2023 年上半年接近 30 亿的销售，下半年肯定比上半年还要高很多。从绝对的数字来讲，跟 2019 年比有很大的增长。

李翔：你们受到过网络上不好言论的影响吗？前几年我感觉这种普遍的不友善更多是针对平台型互联网公司、互联网教育类公司等。

王宁：当然，我相信那些言论对所有企业都是有伤害的。

李翔：我相信你肯定会对公司的增长速度与节奏有把握和判断。

王宁：我觉得抛开大环境来谈一家公司的销售增长是"耍流氓"。很多人说："你的增速为什么变低了？"问题是他忘了有新冠疫情。好像大家在做分析的时候，可以选择性地忘掉各种大势，然后感觉自己很客观。

## 偏浪漫主义的管理

李翔：你们的核心团队成员来自哪里？

王宁：前两三年的核心成员是我的同学，以及我刚来北漂的时候，在第一家企业认识的一些同事。后来到 2014 年，我去北大读研究生以后，开始陆陆续续有北大的同学加入。到 2016 年、2017 年，公司初具规模以后，开始有更多从其他行业空降过来的同事补充整个团队。

李翔：现在有多少人是直接向你汇报的？

王宁：现在直接向我汇报的人不是很多。我们好像没有一个很强的直接汇报的概念。

李翔：没有这个概念？

王宁：对，因为我现在属于"自己都很难评价自己"的管理

风格。你觉得我的管理是什么风格？（问泡泡玛特公关负责人王涛）

王涛：我觉得是抓大抓小。大指的是战略方向的东西，小指的是关注一些细节，但不是事无巨细，而是通过一些小事情，反映出整个运营管理中的问题，督促整个团队去解决这些问题。所以刚才讲的汇报关系，明线上应该只有司德等几个人，但实际上好像又跟各个业务线都有各种连接。

王宁：他们向我汇报也不是说有具体的工作。如果真的算直接汇报，海外业务负责人、司德、财务负责人会向我汇报。但实际上这种汇报，不像大家理解的那样，每天或者每周布置工作然后给反馈。相对来讲，我基本不参与具体的业务，但是总监会上大家汇报的时候，我也都会去听、去看，也去问一些有关细节的问题。

**李翔：你跟核心高管会有比较明确的分工吗？**

王宁：我其实比较信奉的是，CEO（首席执行官）一定不要过于深度参与。我觉得我是属于这种风格：可能我有自己的想法，但我还是愿意听大家的声音，让大家去发挥自己擅长的东西。但是我也知道有的 CEO 会极致地按照自己的想法给每个人分工，把每个人的规定动作都事无巨细地分配好。对这种类型的 CEO 而言，可能就会需要你刚刚讲的那种要有多少人向他汇报、要汇报什么事情。

李翔：需要拆解得很细。

王宁：我觉得自己在管理上偏浪漫主义，不会那么强势地去做每一件事情。我每次开会时的总结也一样，一般我们开例会最后我都会总结几分钟，但我的总结都是开放性总结。

李翔：不是说给一个指令。

王宁：对，不是具体说你这周要干什么，都是开放性的思考和总结。比如，我最近有这样的思考，然后大家应该怎么做。总之，非常开放。

李翔：你看过《史蒂夫·乔布斯传》吗？你喜欢他的那种风格吗？他的管理风格就非常强硬。

王宁：我的理念是，我从来不信奉单一方式的成功逻辑。很多人，包括我的一些朋友很喜欢乔布斯，也有人喜欢自己没有办公室，只用一张小桌子，跟大家坐在一起办公。有人说，我就喜欢那种军队式管理风格；也有人说，我就喜欢谷歌这种风格，大家自由开放，什么时候上班、下班都行。

我不信奉任何单一的成功逻辑，好像这样做就意味着成功，不这样做就意味着失败。我认为每一种方式都有可能成功，每一种方式也都有可能失败。我觉得你的成功不在于你有没有单独的办公室，你是不是学习了军事化管理，或者用了开放自由的管理风格，找到适合自己的就行。每一种方式和逻辑都有可能成功，每一种方式和逻辑也都有可能失败。我觉得最不应该的就是对它们有执念，把自己困在里面。

李翔：单独办公室这件事情，曾经给过你某种困扰吗？

王宁：从来没有给过我困扰，但我发现它给过我很多创业的朋友困扰。当然有些人喜欢单独办公室，也有些人会非常强调自己没有单独办公室。

李翔：从一起工作的角度来看，你喜欢什么样的人？他们有共同特质吗？

王宁：我觉得慢慢会性格趋同。开始时，有我喜欢的风格或者说整个团队喜欢的风格，然后大家相互影响，开始趋同。有可能大家在一起工作的时间久了，思考方式、做事方法也都会比较像。整体来看，我们公司性格偏内敛的人多些。

李翔：内向者俱乐部吗？（笑）

王宁：可能不太像大家理解的潮玩公司，员工都很张扬那种。

## 用"三"思考，四种状态

李翔：你现在的主要管理方式是什么，开会？

王宁：其实我发现，思考方式更重要，就是怎么让大家有一个更好的思维逻辑。大的方面，战略这件事情很容易定。我们要做"迪士尼"，这个战略5年前、10年前就可以定好，也许这个战略10年、100年都不用变。但是在落地的过程当中，我们要怎么执行有很多工作要做。

上次我们开展高管团建，找的是一位哲学老师来讲老子和庄子。那天听老师讲完以后，我就突然想明白了一个问题，然后我就跟老师说："我想明白了为什么老子说'道生一，一生二，二生三，三生万物'。"当然很多人做出过很多解释，有人甚至说，现在的计算机代码0和1也是这个意思。反正每个人都有自己的解释，可能很扯，但是他自己相信。每个人有每个人的想法。

我觉得那天我突然懂了，老子的想法也许是这样的，"道生一"的逻辑在于，当我们想做一件事情的时候，一定想要有一个答案。比如你想要做一个伟大的财经作家，那你就要采访和调研企业，这就是一个答案，是"道生一"。然后这个"一"马上就会生出"二"，"一"的对立面就是"二"。我见过很多人，包括我的很多朋友，他的困境，让他停滞不前或者让他感到挫折的，其实都是选择和纠结"一"与"二"的过程。团队的摩擦也是"一"和"二"，这个人认为"一"是对的，那个人说"二"是对的，多数人的思维逻辑，包括多数人之间的碰撞摩擦，从团队磨合到自己个人的执念，都是"一"和"二"的问题。

后来我想明白，其实伟大的不是"一"和"二"，伟大的是"三"。"三"是什么？"三"是Plan C。"三生万物"，这句话让我觉得"三"

才是最牛的。我们在做团队管理的时候，包括很多人在分析问题、讨论问题的时候执着于"一"和"二"，对或不对、左或右、上或下，你的观念是什么、我的观念是什么，你认为这件事这么干、我认为必须那么干，然后大家开始产生分歧、摩擦和对立。伟大和巧妙的是"三"，"三"是一个综合的东西。我们现在做的这件事情，所谓感性和理性的结合，其实也是"三"。"三"这个答案可以融合很多东西。我们最近聊很多问题都会这么想，当团队出现摩擦时，或者当我们纠结于一件事情的时候，是不是可以用"三"去思考问题，而不是简单的"一"和"二"。

你现在问我怎么管理团队，答案就是用一些这样的思维。大家先发现管理问题，然后看看管理问题的背后是什么，为什么会出

图 3-2　2023 年，泡泡玛特管理团队团建

现这种问题，为什么大家会有碰撞和摩擦。公司将来每天都会有新的摩擦，那是大家思考问题的角度出现问题了吗？然后再去想怎么帮助大家更开阔地思考问题。我觉得这比较重要。

李翔：有一个管理学家史蒂芬·柯维写过一本书《第3选择：解决所有难题的关键思维》，有点类似于你讲的"三"的逻辑。

王宁：对。我最近还有一个总结，我觉得挺好的，就是上次我们聊过的"celebrate"（庆祝）。用四个单词 peace（平静）、love（爱）、enjoy（享受）和 celebrate 可以帮助很多人快速地理解我们想要的状态。前两天零售负责人拉着我去楼下看店，我们就可以不用简单的好或不好、摆得密了还是疏了、好看还是不好看这种方式评判门店，而是用它到底处在哪个阶段来评判。比如前两天门店陈列的状态是 enjoy，是种很欢乐的状态，但是后来你把这个状态拉回到生活方式中，好不好看？好看，但是太安静了。你把它拉到了一个类似很好看的、代表生活方式的咖啡店的状态，其实并没有增加门店的销售。我们整个的逻辑是，应该把它往 celebrate 上拉。这种说法听起来很虚，但实际上我觉得可以帮助很多人理解不同的状态，以及到底什么是我们想要的状态。

李翔：你跟人们讲 enjoy 跟 celebrate 之间的关系或者区别，他们能理解吗？他们可以感受到吗？

王宁：这样讲，peace 就好像一个人站在森林里或者站在海边，你能感受到自己内心的平静。这种状态下，你的人生感悟和整个人的心态都挺好的，但是你不需要花钱，你只是看着海、看着森林，它们跟商业没有关系，但是你的内心已经得到平静。Love，这就像海边有一家小咖啡厅，你能坐下来喝杯咖啡、喝杯茶，那是一种生活方式，但是要花钱。Enjoy 就像海边还开了一家酒吧，你去喝两杯啤酒，吃个晚餐。Celebrate 是你把所有的朋友请到了你的生日派对上。可能同样都是在海边，但是这四种状态的感受和氛围是不一样的。

我觉得 celebrate 很容易让人产生消费欲望。再举个例子，你在大街上或者在商场里看到迪士尼的产品，其实你的购买欲望不是那么强，虽然你认识它，知道它的 IP。但是如果你进入迪士尼乐园，再看到它们就不一样了，因为迪士尼乐园给你一种"庆祝"的感觉。这就是 celebrate 带来的商业魅力。

李翔：对，我之所以问这个问题，是因为我特别担心当你讲出来之后，你的同事会有类似于王家卫跟演员讲戏的感受。王家卫会放一首音乐，然后跟演员说，你要演出这种音乐的氛围。

王宁：当然需要磨合，有时候大家并不能够完全理解你，或者把你想要的东西表达出来。但是也有很多同事是能够知道你想要的感觉的。要么换团队，要么大家反复沟通，然后找到那种感觉。

## 在经历中成长

李翔：你为什么会去参加综艺节目呢？[①] 一时兴起？

王宁：第一，我觉得它是一个有趣的体验。第二，我跟黄磊是很好的朋友。我觉得它不算严格意义上的综艺节目，就是大家一起待两天，是一个不需任何剧本，不需要任何表演的节目，只不过是把你的生活拍下来。后来有很多人问我："你搞那个'赛大鹅'比赛，是不是有剧本？"其实完全没有，全部是临时的。这也是你看剪出来的节目，何炅和黄磊基本上都不知道我在干吗的原因。

图3-3　2023年，王宁参加湖南卫视综艺节目《向往的生活》录制

---

① 王宁作为飞行嘉宾参加了综艺节目《向往的生活》。

李翔：所以你的社交圈还挺混搭的，有艺人，有 CEO，还有艺术家？

王宁：对，但是我的社交圈也不是很大。我不喜欢认识很多人。

李翔：你跟这些不同行业的人在一起的时候，也要表现出不同的面吗？

王宁：我其实觉得圈子也不是那么大，投脾气的人也不是特别多。

李翔：你会通过什么方式保持自己成长、学习的速度，以避免成为这家公司的瓶颈？你会刻意这么做吗？

王宁：我也想过这个问题，所以我尽量不参与具体的事情。虽然有时候他们在给我做分享的时候，我认为不对的地方，我会提两嘴，但是基本上我没有下场自己做。我只是提出一个想法，比如我说大家要做出 celebrate 的感觉，大家要用"三"思考问题，都是用一种开放式的方式提出来的，我不会和他们说这件事情要怎么做。我还是会把权力下放到每个人手里。

李翔：有一个 CEO 跟我讲过一句话："CEO 不应该自己带一个具体项目。"当然也有人持反对意见。所以你是倾向于不带具体项目的 CEO。

王宁：我倾向于每一种人都可以成功，带具体项目和不带具体项目都有可能成功。我们不用纠结，那是"一"和"二"，我们想象"三"。

李翔：你自己的选择是什么呢？

王宁：我自己的选择是有些项目可能也会下场带，有些我就不会考虑，没必要那么纠结。比如乐园的工作我会参与很多，有时候也会具体地去聊我认为好的和我认为不好的方面，我认为应该加的和应该砍掉的项目。如果我觉得自己能够提出意见，而且我还认为是对的，那我也会很具体。有些我就不做任何参与，比如游戏，就跟乐园完全不一样，当然也可能跟爱好有关。基本上我每周都会参与乐园项目的一个会议，但我基本上从来不参与游戏的会议。

李翔：因为你不玩游戏？

王宁：因为有一次我把米哈游①的老板拉过来跟他们讨论，当我发现他们聊了十几分钟就能出现二十多个我没听过的词时，我就放弃了。术业有专攻，人家还是很专业的。

李翔：你自己是不玩游戏的？
王宁：玩得少。

---

① 一家围绕原创 IP 打造动画、漫画、游戏、小说等产品的互联网企业。

李翔：你作为 CEO 的学习方式是什么？是上各种学习班、商学院吗？

王宁：有很多，之前上学多一些。我在清华大学五道口金融学院读过书，也在北大读了 MBA，然后还有一些其他的课程。其实越往后走，商学院能教我的东西就越少，特别是这两年大家会认为，左右自己的不只是这些运营上的东西。所以，有些东西可能更多还是需要自己思考。

李翔：你获取信息更倾向于哪种方式？每个人的方式都不一样，你是更倾向于自己去看、去阅读，还是跟人聊天？

王宁：都有。你在采访我，实际上你有时候问的问题，包括你提到的别人的观点，对我而言，也是一种很好的学习过程。

李翔：你觉得自己进步最快的时期是什么时候？跟公司增长的速度是同频的吗？比如 2018 年到 2020 年公司增长特别快，那时候你自己的成长也很快吗？

王宁：我没有思考过所谓的个人成长，因为我认为这不是可量化的。我好像没有这种感受。

李翔：就是没有随着公司的成长，觉得自己变得厉害了，是吧？

王宁：我没有这种感受。

李翔：你之前讲过一句话：你在创造这个企业，这个企业也在创造你。做这家公司带给你的改变是什么？

王宁：公司在改变我，是因为我在过程中遇到的问题，遇到的人和事，都会让我思考，而且因为出现了问题，才让我思考。比如当它到了 enjoy 这个阶段，在这个阶段停滞不前的时候，这种停滞的问题就会让我更敏感。我会对 celebrate 这件事情比所有人都敏感。

都是有一个过程的。记得三四年之前，我还认为在办公室贴幅"海纳百川"的字画俗得不行，但是到了不同的阶段，我突然知道某些词语的力量和它对我的帮助。其实这些都属于没有亲身经历就难以习得的知识。我最近看的一本书，是很多人都推荐过的《悉达多》。其实在我看这本书之前，我就有一个疑问，到底是花和尚牛，还是非要在寺庙里面待着的那些苦和尚牛。我看了这本书以后才发现，实际上没必要去纠结，真正的高僧，就像悉达多或者李叔同那样，也是只有经历了，才能够有更深刻的感受。不经历，只是硬生生地靠文字或者靠别人给你讲经说道，力量就没那么强大。

李翔：今天相比于 2010 年，你会觉得自己有特别大的变化吗，除了变得有钱和变老了？

王宁：我觉得我的变化应该是所有人都有的变化，发现了自己的渺小和自己的无力感。但是没办法，这是这两年整个世界对所有人的改变。

## 善用资源的能力

李翔：你现在希望自己，包括泡泡玛特的团队，能够获得什么新能力？比如，我见到一些做餐饮的人，做得非常好，但是他们希望自己能够获得零售能力，这其实是自己主营业务之外的能力。他们希望获得这种能力，然后就去学习。

王宁：我们可能摸索的时间久了，公司相对比较全面，不管是线上、线下，我们想要做的事情都在慢慢做，所以不存在这种缺胳膊少腿的感觉。如果非要说想让公司有一个具体的能力，我还是希望让大家能够有一种善于使用资源的能力。

我觉得这是一种管理逻辑，比如我们的目标是给大家准备一顿晚餐，以前大家的能力可能是，因为要把晚餐做好，所以会请一些做汤的师傅、做菜的师傅、做面的师傅，再请一些服务员，雇的人越多、越专业，大家配合得越好，这顿晚餐越丰盛。我认为那是之前的方式，我们过了这个阶段，反而会想是不是不需要请这么多人？因为如果拥有了点外卖的能力，一个人就可以张罗各种菜，不用非要把这些大厨请过来。这是管理模式的一种转变。但是现在并非所有人都有这种点外卖的能力，怎么跟外界更高效甚至更节省成本地协作，利用这些外包也好、合作伙伴也好，实现把这顿饭做好的目标，我觉得是不容易的。

李翔：回到公司，财报里面会讲，围绕着 IP 的集团化是一个大的战略，然后要做游戏、做电影、做乐园。做这些事情应该需要获得新能力吧？你们是通过挖人的方式来获得新能力吗？

王宁：我觉得挖人不难，难在大家配合好，彼此熟悉，一起协同工作，这是一种能力。不管做游戏还是做乐园，要能够找到适合相关岗位的人，大家还能够分工明确、协同工作，需要时间，也是一种能力，不是说立刻招牛人过来就行，也要考虑牛人跟牛人之间是否合得来、能不能一起工作。这有点像你怎么把一个人的能力转化为一家公司的能力。

李翔：之前有人问你："领导力是什么？"你的回答是："领导力的核心是真理。"

王宁：其实领导力就是做对的事情。很多人会沉迷于讨论领导力，比如有同理心，能够鼓舞士气，怎么分工明确，怎么制定 KPI 或者管理模式扁平化等，这些当然很重要，但我觉得这些都是方法，它们要建立在一个基础上，这个基础就是你在做对的事情。

比如乔布斯，他可能有很多缺陷，他的脾气很臭，很多人不愿意跟他工作，但是他在做对的事情，依旧可以成就伟大的企业。如果你的方向错了，比如项目选错了，你性格再好、再会鼓舞士气，也没有用。所以我们鼓励大家在做决策的时候，大到公司决策，小到部门决策，首先要考虑你是否正在做对的事情，这是最重要的。

李翔：你是在什么时候意识到这一点的？

王宁：你看过我们创业十年的纪录片吗？里面有很多我在大学的画面，那时候我才20岁。我跟大家讲了很多话，现在回头看，当年我怎么讲了那么多很牛的话。（笑）

李翔：觉得自己讲得太对了，是吧？（笑）这么早熟。

王宁：坚持还是很难的。

李翔：那部片子是你们自己剪辑的？

王宁：对，是我们为IPO晚会剪辑的一部片子。时间很快，到现在三年又过去了。

李翔：你说纪录片，我还以为是一个专业团队拍摄的。其实是你们用自己的素材剪辑的？

王宁：本来请了一个专业团队来拍，剪辑以后我说不行，还不如用我们自己的东西，这样大家会更有感触。

李翔：现在你的时间和精力是怎么分配的？

王宁：现在我比较感兴趣的是从0到1的事情。最近，我对乐园比较感兴趣，乐园开业之后，要去看一看到底哪些地方还可以优化。我现在对海外也感兴趣，毕竟海外业务是我们的重点，而且海外的挑战和机遇都挺大，看着我们的产品在世界各地开花结果，也是挺有意思的一件事。

**李翔：** 海外的新店，你都会去看吗？

王宁：现在看不过来了，已经在20多个国家开设了门店。

**李翔：** 海外已经过了从0到1的阶段了吗？

王宁：在很多国家是从0到1的。这个月底（2023年12月）我会去泰国，泰国的店开业。

**李翔：** 作为CEO，你会看哪些核心数据或者指标，以此衡量团队的进步？对于早期的互联网公司很简单，可以看日活或者周活用户。

王宁：上市有一个好处，有很多我以前都没想过的详细指标。因为上市了，大家都会帮你分析，看你哪儿好、哪儿不好。

**李翔：** 但你要看所有指标不会很有挫败感吗？有时候市场不好，或者市场是情绪化的。

王宁：但你会知道大家都关注什么，毛利率也好，净利率也好，库存周转率也好，运营效率也好，费用率也好，这也是一个学习的过程。IPO给公司带来的好处是，虽然每一个季度都要交成绩单，但实际上也带来间接的监督，让公司在所有人的监督下变得更健康。市场会帮你及时发现问题，也会告诉你什么产品可以做得更好。

李翔：在外部大环境不好的时候，比如疫情、股市整体下跌，股价和市值肯定会受到影响。这时候你怎么衡量团队的进步呢？团队肯定是变化的，但是股价和市值可能更受大环境影响。

王宁：我经常在发布会上说，我更关注的是自己认为的公司健康度。最起码我认为公司还是很健康的。别人可能只是看到我们的股价在下跌，或者认为我们的增速在减缓，但站在我们的角度，他们没有看到的是，哪怕 2022 年外部环境已经那么不确定，有实体部门的公司都在亏损、都在大幅下滑的情况下，我们还能赢利，还能有小幅增长。在我看来，我们已经做得很好。很多人认为我们虽然赚钱，但是没有 2021 年赚得多，但是我们知道这已经很不容易了。

图 3-4  2022 年，王宁出席位于上海南京路步行街的泡泡玛特全球旗舰店开业仪式

李翔：市场对公司的衡量确实挺残酷的。它不会管今年外部的环境多差，经济增长的速度是什么，大盘跌到什么程度，只会给出一种单一的衡量。

王宁：这是个过程。

## 对的事情自然会带来用户

李翔：我之前看到过一个对你们用户画像的描述是18~35岁的女性，现在还是吗？

王宁：从单一产品来讲，可能没有太大变化，但是IPO那年我说过，在逻辑上我们希望从供给潮流变成供给快乐，我们希望给社会供给更多关于快乐的东西。如果从快乐这个角度来讲，将来它会吸引更多年龄层的人。比如乐园开业我相信肯定会有很多小朋友去。

李翔：你之前讲，75%的用户是女性，现在基本上也是这样一个状态吗？

王宁：对，但是也有更丰富的人群，比如男性的比例在逐渐增加。毕竟我们慢慢从一家小众公司变成大众公司，从一个有几万到几十万粉丝的公司，变成有几千万用户的公司。我们现在的会员有3000多万，这是很大一个数字，比北京和上海的常住人口都多。所以它的人群一定是丰富的。

李翔：在整个成长过程中，你们是通过什么方式获客的？我看你们没有投硬广，营销成本应该并不高。

王宁：我觉得这个品类的魅力在于，它还是有很强的自传播属性，大家很愿意主动分享，它有社交属性。当然我们的很多门店其实都开在最好的购物中心，本身线下也是一个获得流量和粉丝的方式。

李翔：自传播这件事情其实是很多品牌都想去追求的。你们会做一些事情来引导或者说鼓励用户去做这种自传播吗?

王宁：我觉得这是我们的幸运吧。你可能买了很多东西都不会有自传播，比如你买件衣服、买双鞋子，都不容易产生自传播，但是我们的产品会天然地引发自传播。社交媒体的发展也有帮助，很多人喜欢发朋友圈，但不是所有人都喜欢露脸，这时就能让我们的产品出镜。比如她想拍一道好吃的菜或者拍一个地方的风景，她可以用 MOLLY 代替她表达。我们的产品天然就有很多自传播的属性。

李翔：所以我理解获得新用户是比较自然的，公司并没有做很多方法层面的引导或者鼓励。

王宁：不是所有产品都有自传播属性。前阵子我们发布完财报，一些投资人问我们怎么看待 IP 的二级市场问题，有些 IP 在二级市场表现很好，有些 IP 表现不好。我说："第一，我们不关心二级市场，只关心我们能不能做出好的产品和服务。第二，你们有没有发现，这是一种幸福的烦恼，所有商品，只要有二级市场，就说明这个商品本身就属于一个有魅力的品类，不是所有商品都能到二级市场转卖的。"

李翔：你们的二级市场平台主要有得物和闲鱼吗？

王宁：各种各样的平台都有。

李翔：泡泡玛特用户增长最迅猛的阶段是从 2018 年到 2020 年吗？

王宁：我不认为。基数不一样，比如我们 2023 年上半年增长了 438 万会员。其实每年都在快速增长，不能只看百分比，也要看具体人数。

李翔：这种增长是因为你们做对了一些事情吗？还是也是自然而然的过程？

王宁：是相互的。比如我们海外的会员也突破了 100 万，因为现在在做海外市场，出现了更多国家，在海外开了更多的店，同时在海外也在做一些市场营销动作，很幸运的是这个品类在海外也受欢迎。大家一起努力，市场给力，增长就会发生。

李翔：你们有没有刻意去做用户增长，这不是很多公司最重视的部分吗？

王宁：这就是我说的，要做对的事情。我给你分享一个小故事，大概在 2007 年，那时候我还在读大学。我们刚开始接触零售业，当时已经有了一个小团队，我带着这个小团队去义乌逛小商品批发市场。到那儿以后，我们特别感兴趣的一种东西叫星星棒，它跟仙女棒类似，上面有五颜六色的泡沫星星，有大有小，有空心的，有实心的，再加一个丝带小蝴蝶结。在义乌一个星星棒的批发价是几毛钱。我看到星星棒的时候应该是在寒假，我觉得这个东西应该可以在情人节销售。于是很快注册了个公司，叫薇薇安礼品有限公司，订了一批货，印了很多名片，去各个花店发，还给它们发了一些样品，说你们需要的话赶快订货。

我印象很深刻，因为刚刚印好名片、订好样品，就发生了雪灾，有些地方房子都压塌了，铁路也受到影响，物流给我们打电话，说物流全部中断，让我们再多付点钱，走空运把订好的几千支样品给我们发过来，剩下的就不能发货了，一直到正月初八才能够重新营业，而那一年正月初七是情人节。相当于这件事就黄了，但我们手里还有非常多星星棒。怎么办？就只能去摆地摊。那是我人生第一次摆地摊。后来我还经常跟别人开玩笑说："我不知道你们有没有这个经历，摆地摊其实是需要克服挺大的心理障碍的。"第一个需要解决的问题你猜是什么？

李翔：找块地方？

王宁：对，首先去找地方，你在街上选个地方，画个圈，这就是你的地盘了，可以铺开商品。我们一堆人拎着几大包东西走来走去，不好意思画圈，也不知道在哪儿画圈。后来想起来，就跟拍电视剧一样，我们看到有一排摆摊的都是贴屏保的，想着在这儿可能比较安全，我们就在贴屏保的旁边打开包，摆上摊。我们那时候卖得很便宜，4 毛钱进价，我们就卖 1 元钱一支，10 元钱可以帮忙包一个花束。那时候还是情人节前后，我们旁边也有好多小女孩抱着一桶玫瑰在卖，也有人在商场门口卖苹果。当我们铺开摊的时候，我们还有些不好意思，当时自己内心默默发誓：这辈子再也不会看不起摆地摊的人了。我们还给自己打气：我将来就是李嘉诚。但是瞬间我们摊位前就人山人海了，开始不停地收钱，卖东西。

回到你那个问题：有没有什么策略？为什么受欢迎？关键问题还是我们在做对的事情。从那一刻开始，因为我们的选品、单价和卖的时间，这个产品就注定会火爆。

后来很搞笑的是，卖着卖着我们突然发现旁边贴屏保的人都不见了。我们一抬头看到一群城管冲了过来，然后我们拎起东西就跑。很多人付了钱但还没有拿到产品，他们就跟着我们一块跑，最后跑到一个小巷子里面。都已经这样子了，还围了很多人在买，很有意思。

李翔：明白了，所以你们是没有用户增长策略的，或者说用户增长策略在选品阶段已经完成了？

王宁：相当于在你要做好的产品、提供好的服务的那一刻就确定了用户策略。就好像你说苹果的用户策略是什么？当你做的是对的事情，自然而然就会有大的发展。

李翔：你会定期跟用户沟通和交流吗？

王宁：我不会那么直接去交流，但是巡店的过程当中也会去看、去聊。我自己认为现在也不需要跟原来一样去交流，自己看看小红书上每天骂我们的、夸我们的笔记，就大概知道用户在想什么。而且这种方式的速度还更快一些，也更全面一些。

李翔：用户夸你们什么你会比较高兴？还是只要是夸就很高兴？

王宁：夸我们当然高兴。（笑）但在社交媒体上我们会看到各种各样的评价。

李翔：你现在对别人骂你们已经脱敏了吗？

王宁：没有，我经常会截图发给各部门的人。

李翔：把自己的苦恼转嫁给他们吗？（笑）

王宁：我觉得大家都应该看到，并且解决问题。

李翔：现在你们内部对老用户的复购和维护，以及对新用户的拓展，从内部运营角度来看，哪个的优先级更高？

王宁：像这类问题，虽然也是很大的问题，但实际上我现在已经不管了，都是让其他人去做决策和执行。

李翔：他们会给你讲吗？

王宁：也不会讲那么细，可能偶尔会分享。比如我也是发财报那刻才知道，我们最近涨了多少粉丝。

李翔：这是为了让你在发布会上讲吗？

王宁：在发布会上，我很少讲这些。遇到这种具体问题，都是司德等人讲。

## 人比事更重要

李翔：你们在跟资本打交道的过程里，应该是很不顺利的？

王宁：不能说不顺利。这个世界上 100 万个创业的人里，能拿到投资的人有多少？所以不能说不顺利，能拿到投资我就已经是很顺的了。只不过在这个过程里，虽然拿到投资，别人是拿 10 亿、20 亿，我从开始融资到 IPO，只拿了八九千万。可能从这个角度来讲，说明大家没有看懂这个行业和这家公司。当然我觉得也很幸运，因为大家看不懂，自然也不会去投我们的竞争对手。

李翔：你觉得大家为什么看不懂呢，是因为被互联网转移了注意力，还是别的原因？

王宁：坦白讲，我常说我们是典型的想做 A，但做成了 B，后来在 C 上成功，有可能在 D 上变得伟大。这句话的本质逻辑是：成与不成跟事有关系，但是也没有关系。当年大家对我们的评判和分析，认为我们值不值得投资，好或不好，都是基于事。比如之前报道分析为什么我们的格子铺很火爆或者格子铺的问题是什么，但是对我来讲，只要我们团队还在，我们一直在成长、一直在学习，就没有问题，因为我们现在做的事早就不是格子铺了。2010 年的泡泡玛特，跟 2012 年、2016 年、2020 年或者 2025 年的泡泡玛特都不一样。重要的是找到真正优秀的团队或者志同道合的人，然后大家会根据世界的变化去改变。

市场在变化，世界在变化，竞争也在变化，大家应该去应对这些变化。如果你现在去评判步步高还是停留在步步高的 DVD 上，就是刻舟求剑。步步高已经变了，它已经变成了智能手机和儿童手表——OPPO、vivo 和小天才 ①，你不能再去看它的 DVD 或者 MP3 做得怎么样，有没有市场，会不会成为主流？那不重要。

有时候人会陷到里面不能自拔，比如讨论 MP3 有没有市场，从而觉得自己很专业，自己看对了。作为一家企业，我当然也可以和你聊我认为它有没有市场、明年增长怎么样，但实际上更重要的

---

① OPPO、vivo 和小天才是步步高体系中衍生出来的三家公司，OPPO 和 vivo 是智能手机行业的头部公司，小天才专注于教育硬件。

是这个团队。也许将来 MP3 已经不那么重要了，甚至也许手机也不那么重要了，会有新的东西出现。你可以理解人类文明也是这样，具体的东西当然很重要，但是只要人在、城市在、这个国家在，文明就会继续向前演化。

李翔：所以当时人家看不懂也没关系？反正看的时候还是 A，现在已经是 C 了。

王宁：我为什么想让你看我们创业十年的纪录片，因为你会发现有价值的不是某件事，有价值的是一群人和这群人对理想的坚持。这个理想不是具体地说我要卖西服，我要卖牛角，我要开格子铺，我要卖玩具，而是大家希望能够做一个伟大的品牌，做一家让人尊敬的企业，或者大家希望有一个不负青春的人生，这些都是理想。

图 3-5　2022 年，王宁在公司内部分享，再谈"我们的理想"

李翔：你们上市之前一共只融了八九千万元，是什么原因造成的呢？

王宁：因为 2016 年的时候我们已经赚钱了。

李翔：所以早年的时候想要更多的钱，但没有人给，当有人想给的时候你却不需要了，是这么一个过程。早期你见到那些做投资的人，他们问你比较多的问题是什么？

王宁：很多啊，各种各样很具体的问题。我觉得，要让做投资的人去做企业，可能也做不成。因为术业有专攻，他们很难在一个小时之内就真正地了解一个行业和一家企业。所以我觉得很多投资人说自己用几分钟做的决定，然后怎么着怎么着，其实押宝的成分比较大。

李翔：一篇报道里讲你的融资经历，说你见了大量投资人和 FA[①]，还见过光线传媒、奥飞这样的产业资本，"那时的王宁，总是带着长长的 PPT 去说自己要做中国的万代和美泰，但每次都是乘兴而去，败兴而归"，这个描述准确吗？

王宁：我们当年确实跟这些人都聊过，他们确实没有投资。

李翔：回想起来应该不是一个特别愉快的经历。

---

① 财务顾问（Financial Advisor），为企业融资提供第三方专业服务。

王宁：也不能说不愉快，在那个时候那是很正常的经历。对创业公司的创始人来讲，为了让公司活着，需要用 30%~50% 的时间去找资源，那是你的工作。当然一遍遍地对各种各样的人去讲，有些人认同，有些人怀疑，有些人完全不认同，我觉得这很正常，习惯了。

李翔：是现在看觉得很正常，习惯了，还是当时就这么认为？

王宁：当时肯定不想浪费那么多时间，我觉得跟谁合作都挺好。别人介绍我可以跟光线传媒合作，我想做迪士尼，跟光线传媒合作也许可以拍更多动画片；别人介绍我跟奥飞合作，奥飞玩具做得很强，大家可以做产业结合。总之，就是我们见过很多人，然后会认为有各种各样合作的可能性。

李翔：在早期，你们的投资人对你们有什么帮助？

王宁：当然钱很重要，钱是给你续命的。早些年有人投资，我觉得也可以鼓舞士气，大家会认为我们是被一个知名投资机构认可的公司，对团队自信心会有些提升。当然，其实核心还是团队本身和业务本身，就是这个团队能不能把这个事情做好。

## 选投资项目的标准

李翔：我看到你后来也做了很多基金的出资人，包括上市之后，你们也开始投一些公司。以自己投资的视角再去看，你能理解当年那些投资机构的感受吗？

王宁：我做 LP[①] 有 50% 的原因是报恩。当年你的基金支持过我，你现在做新的基金，那我也应该支持你，滴水之恩当涌泉相报，当然也是因为认同。基本上当年投过我们的基金，五六只吧，它们发新的基金，我们都会反过来再投它们。

李翔：它们也会主动来找你吧？

王宁：对。其实都一样，大家都是相互成就。

李翔：上市之后，无论是泡泡玛特，还是你，都开始做些投资，我指的不是投基金，而是投一些项目，你们选项目的标准是什么？

王宁：还是选择和我们相关，或者跟潮流相关的一些项目，有成功的，也有现在还需要观察。跟大趋势也有关，我能够看到，现在创业其实比我们那时候难。

李翔：为什么更难？是环境变化，还是市场上已经有人在做大家做的事情了，而不是相对空白？

王宁：竞争会更激烈，市场也不好，最起码现在融资环境不好，融和投的钱都少。以前那种让你血脉偾张的新闻每天都有，谁融

---

① 有限合伙人（Limited Partner），一般理解为出资人，不参与公司管理。

了多少钱、谁 IPO 了，充斥着每一天财经新闻的头条，现在这类新闻很少。以前有很多成功的故事，现在这种故事越来越少。

李翔：对，现在我们都讨论 CPI（消费价格指数）涨了没有，PPI（生产价格指数）数据怎么样了，失业率数据是什么。

王宁：我很多年以前就有看国内财经新闻的习惯，我突然发现，我不知道市场有没有变化，所以我这两年点开国内财经新闻的频率非常低了。

李翔：为什么？

王宁：我总觉得新闻的含金量变得越来越低了。可能大家都不讲话了？也有可能是优秀的媒体人才正在流失。

李翔：我查了下你们投资的项目，其实你还很乐意投线下的，是吗？包括你投的球鞋店 Solestage①、木木美术馆。按照投资逻辑来讲，线下的天花板确实很明显，增长速度也很慢，你为什么会选择这样的方向去投呢？

王宁：我觉得线下有一个很好的塑造品牌的能力。另外我们看的不是表面的线上、线下，也看人。比如 Solestage，我们看中

---

① 三位中国年轻人于 2012 年创办的球鞋零售店铺，在洛杉矶、纽约、上海等城市设有线下门店。

的是它对潮流的理解，那段时间年轻人很喜欢球鞋，我们也通过投资它去更深入地思考：大家为什么喜欢球鞋？喜欢什么样的球鞋？中国有没有可能诞生受欢迎的球鞋？球鞋到底是什么样的客单价？什么样的人群在买？他们会不会也买收藏类的玩具，买的话他们喜欢哪一类收藏类的玩具？我们要怎么样去跟这类潮流结合？这些都属于一个既投资又学习，并一起成长的过程。

**李翔**：Solestage 和得物相比，我相信对基金而言，一定是更倾向于得物，而不是线下卖球鞋的门店，尤其是它的品类跟得物其实是重合的。

**王宁**：但是我们做过线下的人，会发现线下有线下的魅力。当年所有人认为买衣服在线上就可以全部覆盖，但为什么今天还有这么多人去线下买衣服呢？因为线下还是有它特别的点，比如线下的体验，线上就替代不了，最起码你看球鞋照片和你一双双试，看合不合脚、穿到脚上好不好看，还是有本质区别的。

**李翔**：试完之后人们大概率是在电商那儿下单吧？

**王宁**：这就是线下门店的挑战。其实你会发现有一个临界点，比如说图书，最开始线上电商都喜欢卖书，品类比较多，大家可以在网上打折买，那段时间把全球的书店都快打没了，后来发现过了一个临界点，书店又慢慢起来了。我现在也经常去线下买书，你明知道线上会便宜 10 块钱，但可能你不在乎那 10 块钱，因为你可以马上读到它，10 块钱无所谓。所以会有一个临界点，可能是经济的发展，也可能是模式的变化，线下会再回来。

李翔：泡泡玛特的线下很特殊，因为它确实有独特的商品，这种商品不可能在网上通过很低的折扣价购买到。

王宁：之前有人说过："弱者才谈竞争，强者只讲垄断。"这里的"垄断"不是监管反对的那种垄断，品牌也是一种垄断，IP 也是一种垄断，因为"只有你有"。你需要思考怎么去塑造更强大的品牌力和产品力，我觉得这可能更重要一些。

## 从新三板到港股上市

李翔：你是从 2017 年之后就决定不再拿投资人的钱了，是吗？

王宁：我们 2017 年以后就没有再拿投资人的钱。

李翔：当时做这个决定的原因是什么，是因为盈利可以支持公司发展了吗？

王宁：差不多，最起码不会再为钱焦虑了。

李翔：会不会有 VC[①] 来跟你说，因为你的线下门店模型已经跑

---

① 风险投资（Venture Capital），是一种风靡全球的投资方式。

通了，拿更多钱之后可以用钱来换时间，开更多店，规模做得更大。肯定有吧？

王宁：我觉得是双向的，一方面其实我们那时候对很多人来讲也还是一个偏小众的品类，多数 VC 对这个品类依旧没有那么强的认知；另一方面，我们开始赢利以后，也不那么积极地花时间去跟这些 VC 聊天了。那时候已经是 2017 年、2018 年，我们上了新三板，所以我们的销售情况也会定期披露，包括卖什么、卖得怎么样、现在大概是一个什么情况。

我们已经不想花太多时间在融资上，但是也有很多有名的基金找过来。我记得有一次有一家很有名的基金通过 FA 找过来，我就跟 FA 说，我有两个要求：第一，合伙人必须来，投资经理来是浪费大家的时间，必须有决策能力的人来；第二，他必须了解我们公司，看过我们的财报，做过功课，充分了解了之后直接问核心问题，那我们愿意聊，看看对不对脾气。FA 就打包票说，保证对公司很了解，而且很迫切，是能很快做决策的，可以的话，大概两周之内就能打钱。然后这个人就来了，来了以后，第一个问题是：你们的核心产品是什么？问完第一个问题，我就说："不好意思，今天我们挺忙的，等你改天有机会了解了解我们之后再说。"真的，不到 5 分钟，我直接这么说，那天司德也在。我不管你是多么大的基金、很有名的合伙人，你不能都不做功课就来聊。不做功课就是浪费大家的时间。我们已经过了迫切需要钱的阶段了。

李翔：红杉后来投资是因为什么？

王宁：红杉是买老股 [①]，我们帮助它买老股。买老股的投资人，其实跟早期的投资人还不一样。

李翔："真正意义上帮助你们成长"指的是什么？雪中送炭？

王宁：需要钱的时候他给你钱，而且是把钱打给公司。买老股的钱最后没打给公司，是做生意，跟别人买卖，它是投资股票，不是投资公司。

李翔：我听说腾讯投资也跟你们谈过，是吗？

王宁：其实是很微妙的，那时候价格没谈拢。

李翔：2017 年去新三板上市，当时的考虑是什么？

王宁：当年新三板刚推出来，说是要做中国的纳斯达克。我觉得也挺好，相当于我们在更早的时候就开始对公司进行股份制改革，去做规范化和各方面的流程梳理，等于按照上市公司的要求在要求自己。就像是找了一位监考老师，然后让你用更规范的方式去经营公司。

李翔：新三板退市之后，也没有选 A 股，而是到香港，这里面

———————————

① 指原股东出售自己持有的股权，卖给新股东。

有什么考虑吗？

王宁：那时候我已经想清楚了，IPO 前就已经很坚定，将来希望成为一家国际化的公司。当时很多人认为如果我们上 A 股，估值肯定会更高，但是我们还是觉得要相信市场的力量。我们不去赚炒作的钱，如果你是家好公司，市场依旧会给出好的估值，比如腾讯。好的企业会有被市场认可的价值。而且在香港融的钱是美元，可以帮助公司开拓海外市场，签约海外艺术家的时候对他们做一些股权激励也方便些。

李翔：相比于美股，你们对港股投资者也会更熟悉一点。

王宁：我们从来没考虑过美股，可能有一个原因是我不想睡觉睡到半夜还得起来看股票。（笑）

李翔：所以你们上市之后你会看股价，是吗？

王宁：不是我看，会被动知道，因为别人会告诉我最近股价怎么样了。

李翔：在香港上市对你会有特别大的影响吗？一下子被这么多人看到，然后有了那么大的舆论关注度。

王宁：我不知道我们是不是中国商业史上最年轻的团队，白手起家，IPO 的时候公司市值达到千亿。我们上市的时候其实刚好碰到一个在商业上大家都很低调的时期，所以我们也选择了低调的姿态。其实作为一个新的中国品牌，新一代年轻创业者的故事，而且还不是做互联网的，可能是可以激励很多年轻创业者的。但是当时的舆论环境会更多地对我们进行一些负面的报道，甚至把我们妖魔化，让我觉得真的就是"人怕出名猪怕壮"。当然也带来了巨大的竞争，很多人都想要参与到这个行业中。

李翔：所以当时对你个人而言，是压力比较大的一段时间，有那么多负面信息，并且竞争又来了？

王宁：对。但是我得到的也很多，得到多少就得承受多少。最起码现在回过头来看，很多人都说那是最好的上市时间节点，我们是在最幸运的时间节点上市。我对得起所有投资过我们的人，IPO前所有投资过公司的人都赚到钱了。也对得起所有参与我们 IPO 的公司，因为 IPO 以后股价翻了快一倍，它们也赚到了钱。因此我们不会像很多公司那样，现在有巨大的股东压力。很多没上市或者是上市公司，现在的市值或者估值还不如当初股东投资的价格，那对整个团队的压力是很大的。再有，也对得起所有跟着我们一起创业的兄弟，这是上市带给我们的好处。

李翔：其实也是心态。我认识的一位朋友，他们公司本来计划在 2021 年上市，但是因为宏观环境的变化没有上市。他说其实没上市也挺好，真上了可能现在股价压力就很大。

王宁：是的，都一样，我们现在感慨幸亏当年上了，上了以后相当于公司有了足够的"子弹"，能够经受市场各种风险的考验，哪怕你突然需要钱，也可以快速融资。但是我也有很多公司没有上市的朋友，他们见我的时候会说："幸亏没上，现在环境时好时坏，我不用天天对外披露公司现在的情况，可以好好做自己的事情。"

## 全球化充满不确定性

李翔：全球化是从 2018 年开始提上日程的吗？

王宁：差不多就是在文德一入职的时候。

李翔：2018 年公司应该刚赢利。

王宁：2017 年开始赢利。其实早些年我们对是否赢利的概念没那么强，因为亏也亏不了多少。亏的话就发展慢一点，少招点人，办公室小点，费用控制多点。赚的话发展就稍微快点，可以推进的项目多点。而且那时候盘子小，整个公司在几千万到一个亿左右，赚钱也不会感觉赚了大钱，就是那种感受。

李翔：那时候应该给自己开工资也开得很低吧？

王宁：成为管理层之前，大家的工资都不是很高。

李翔：2018 年正式把全球化提上日程，当时是出于什么考虑？

王宁：我们刚创业的时候，抱的理想主义就是要做一家伟大的公司和一个伟大的品牌。所以诗和远方一直有，内心就一直希望公司是不是可以更国际化，是不是可以有国外同事加入团队，大家一起把这件事情给想得更大一些，但路径是模糊的。另一方面，那时候我们说服文德一加入公司，他进来以后，国际业务就有了操盘手，但那时候谁也不知道到底可以以什么速度、什么方式来推进。其实我们还算是比较早去想这件事，然后组建团队，探索全球化可能性的公司。

**李翔**：文德一是加入泡泡玛特的第一个外国人？

王宁：是。

**李翔**：当时你是怎么说服他加入的？

王宁：当年挺有意思，他那时候在 CJ 集团①，是中国区的一个高级管理者。他是我在北大的同学，我们在上课时认识的，认识后我觉得这个韩国人很优秀，中文也好。后来我们有了一些合作，在合作的过程中，他表现得也很职业化。他邀请我们去韩国参观 CJ 总部，在首尔一起爬山的过程中我就邀请他："干脆跟我们一块创业吧。"然后他说："韩国人跟日本人一样，一般都是一家企业干一辈子。"而且他确实干得很好，在中国区的职位很高，北大 MBA 毕业后，可能会有更好的职业发展。他还说他已经快 40 岁了，没

---

① 总部位于韩国首尔，业务包括食品餐饮、娱乐传媒等。

有勇气去创业。

我记得当时一边下山一边跟他说："你知道中国有一个企业家叫褚时健吗？"我给他讲了褚时健的故事，70多岁开始二次创业。他听得懵懵懂懂。回去之后没多久，他说他研究了褚时健的故事，觉得很感人，可以考虑跟我们一起创业。回到北京，他说他找了60多个朋友问大家的意见要不要辞职，基本上都同意，只有一个人反对。我问他："那个人为什么反对？"他说："反对的人是我爱人。"因为韩国企业待遇很好，比如他们举家来到中国，家庭的开支、孩子国际学校的费用，以及租房子的费用，韩国企业会全部保姆式地帮他们解决好。而且，创业有很大的不确定性，他那个时候是"降薪"来泡泡玛特的，所以他们家的生活肯定会受到一些影响。直到有一天，他又来找我，说他把爱人说服了，就这样加入了我们。

**李翔：你去挖他的时候就告诉他，公司付不起他现在的薪水吗？**

王宁：我们并不是高薪挖人，比如对方原来年薪100万，我给他200万，说："来跟着我干吧。"当然你要硬让我咬着牙付，我也能付，但是我就得想想，值不值得立刻找这样一个级别的人在这个阶段加入。我们一般的方式是，假设他原来的年薪是150万，我会跟他讨论，争取达到他的标准，但是能不能一半现金、一半股票，这样对公司的压力小一点，同时他也能拿一些股票，和大家一起成长。文德一是2018年8月6日加入的，当时我还发了朋友圈：连夜从欧洲赶回来就为了欢迎他，文德一是正宗的韩国欧巴。

图 3-6　2018 年，文德一入职当天，王宁特意从欧洲赶回来迎接

当时我说："你来了以后，我们希望在 3~5 年内海外业务能占公司营收的 50%。"他认为是开玩笑，觉得这是一种调侃，从零开始怎么可能占到 50%。现在大家能够明显感觉到，不用多久这就可以成为现实。

刚开始做全球化还是非常难的，他从发邮件开始，给全世界发，讲述中国有这样一家公司，卖这样的产品，要不要批发点货。同时我们为了让他熟悉产品和团队，那时候公司有一点点 To B 业务，国内的批发业务，也先让他管。在这个过程当中，熟悉产品、熟悉团队，也有点事情做，然后再慢慢地去做海外业务。所以整个海外部门是他一个人摸索和做起来的。

李翔：现在多少人？

王宁：现在有五六百人，当地员工占绝大多数。

李翔：你们海外开店跟国内开店是不同的策略吗，比如有一些合营和加盟？

王宁：不同国家遇到的情况不一样，市场规模、经济条件、进入门槛都不一样，所以这也是一个摸索和探索的过程。

李翔：过程里面他有什么事情会来找你商量吗，比如涉及海外规划的？

王宁：有时候是方向性的，有时候很细微，各种各样的事情。比如有时候是人，有时候大家一起讨论方向，有时候甚至会细微到一家门店的设计，很具体、很细微，能细微到一个灯泡的事情。公司管理就是这样。

李翔：海外的话，在你看来哪些问题是方向性的？

王宁：比如，先进哪些市场，后进哪些市场？哪些是重点，哪些可以缓一缓？用什么样的方式进入什么样的市场？大概用什么样的节奏？以及是"高举高打"还是慢慢地用"农村包围城市"的方式？快一点还是稳健一点？不同市场都稍微不一样。

李翔：先进哪些、后进哪些，你们两个就会商量着来定？

王宁：有时候也不是说商量好就行了，比如大家商量下来觉得日本不错，先进日本市场吧，但是可能我们一年都找不着合适的地方，有很多不确定性。大方向是有的，我们决定先做东南亚。但是我们一直想去不同的国家开旗舰店，比如日本和韩国，等了好多年才出现一个我们认为可以开旗舰店的地方，才有合适的位置和合适的价格。有时候当地的情况还是很复杂的。

图 3-7　2022 年，泡泡玛特全球首家海外旗舰店在韩国首尔开业

李翔：其实也是根据具体情况来定。

王宁：并不是我们纸上谈兵，谈一谈就打完了，"战况"还是很复杂的。

李翔：北美市场是从 2023 年开始做的吗？

王宁：是从 2023 年开始开店的，但业务其实一直在做，包括电商以及一些批发业务。

李翔：你刚从越南回来，越南工厂是你们第一次开始在海外生产吗？

王宁：是，第一批产品已经下线了，马上生产第二批，我觉得他们的工人很好。

李翔：它的产能占比大概多少？

王宁：刚开始很少，现在这些产品属于试产和磨合阶段。我这次去越南看了两家工厂，一家是韩国的工厂，一家是我国香港的工厂。香港人说："我们觉得做不好你们的东西，但还是想要跟你们合作，所以接下来要成立一个专门的队伍，组织一些工人来生产泡泡玛特的货。"韩国人也是这么说，觉得我们对品质的要求远高于现在的合作伙伴，不管是美国的合作伙伴还是日本的合作伙伴，因为我们把它当作一个收藏级别的产品，其他人是当作一个消费品级别的东西，对品质的容忍度是不一样的。

李翔：这两家工厂，不是你们在中国已经合作过的工厂，后来在越南新开的工厂，而是重新找的？

王宁：对，找了越南的两家头部工厂做。

李翔：为什么想到要在越南生产？

王宁：我发现越南工厂跟国内工厂有一些很大的区别。国内工厂中比如东莞的工厂，都是集中管理，全国各地的人跑去打工，在工厂上班，然后住宿舍，越南不是，没有宿舍，所有人下了班骑着摩托车回家，工厂吸收的是方圆几十里之内的人。这有什么好处呢？第一，成本下降，越南本来人工就便宜，不需要管工人吃住之后又增加了优势，吃住的成本和工厂管理的成本都会下降很多。第二，更重要的好处是，国内不少工厂春节前好多天就会停工，大家要提前一两周回家准备过年，过完年以后再过两周才返厂，这样一来，基本上工厂只有 30%~50% 的人是之前的工人又回来上班的，相当于每年都重新招 50% 的人，重新培训。越南工厂不存在这种情况，春节就放 5~6 天假，放完假以后到岗率为 98%，几乎所有人都会回来，所以生产就不会中断。总之这个国家还是有自己的一些优势的。

李翔：你们从什么时候开始考虑要把一部分产能转移到那边？

王宁：有一年多了。

李翔：诱因是什么？

王宁：综合考虑吧。当然我觉得全球化的企业一定是全球化的生产制造，这也是今年年会我想分享的。我最近感受很深刻的是冯仑讲的一段话，他说："好企业的做事逻辑和赚钱逻辑是完全不一样的概念，就好比运动员跟跑步爱好者的区别。多数人跑步是为了健身，为了身体健康，甚至还有人是为了愉悦心情，但是运动员跑步是个竞技行为，他关心的是怎么提高成绩，怎么再快 0.01 秒，为此他要考虑衣服、考虑鞋、考虑体能，是完全不一样的两件事。"所以你问我的很多问题，包括为什么要考虑去越南，为什么要考虑这个，为什么要考虑那个，就是因为做企业是个竞技行为，就是要盯着每一件事情、每一个点滴细节，去看到底有没有可能做得更好，包括现在出现了哪些问题，怎么来解决，将来可能的方向有什么。

所以公司就是一个职业选手，考虑的是如何做得更好。比如我们的供应链会面对很多问题，基础的要求就是要有更好的品质、更高的效率和更低的成本。更低的成本，到底现在成本还能不能再压，再压的办法是什么？更高的效率要通过什么方法达到？比如接下来如果美国业务越来越大，从中国海运到美国需要一个多月，慢的时候三个月，效率就很低，那在北美有没有可能找到生产供应链？它是伴随着公司的全球化，公司每个人、每个部门都必须去考虑和改进的问题，就像竞技体育一样。

**李翔：全球化可能会有什么风险？**

王宁：第一个风险也是最大的风险，不是说你想全球化就能全球化，你的东西能不能卖掉，这是第一风险。中国想全球化的产品多了，不是说想卖给人家，人家就要。接下来就属于运营上的一些问题，这些其实都不能算是风险，而是一些问题，你怎么去规避文化差异的问题和管理的问题，还有一系列运营上的细节问题。

李翔：你们全球化，IP也都是全球化IP，不是本地化IP？

王宁：也可以是本地化IP，我们很成功的一个地方是泰国。我们孵化出来一个泰国的国民IP叫CRYBABY。它的设计师是一位泰国设计师，现在在泰国非常火。这种就属于跟当地设计师和艺术家一起打造适合当地文化的IP。

## 先啃最难啃的骨头

李翔：在国内城市开店，肯定会有自己的考虑，比如可能先从一线城市开始做，慢慢渗透到低线城市。在海外也是这样吗？

王宁：是，在英国肯定是伦敦先开，在法国是巴黎先开，而且从核心商圈开始。

李翔：所以泡泡玛特一直以来的线下策略就是头部城市、头部商圈，从高往低走？

王宁：差不多，上来就去啃最难啃的骨头。今年（2024年）我们会开很多有意思的门店，比如6月会在巴黎卢浮宫开店，就在卢浮宫倒三角的旁边。

李翔：现在粗略区分泡泡玛特的门店类型，一种是门店，一种是机器人商店，是吗？

王宁：门店也分很多等级，包括S、A、B、C级，还有旗舰店。

机器人商店我觉得更像是探针或者雷达，你会发现在门店具体落地的时候，有些地方是不适合开一家店的，可能是个地铁口，可能是一个小型商场，还有可能是座办公楼，没办法开店，或者也不值得开店，但我们又认为那儿的人流量有可能很大，或者是一个很适合营销的地方，比如机场，那我们就可能用机器人了。

图 3-8　泡泡玛特机器人商店

**李翔：** 你们会考虑进入其他的线下渠道吗？

**王宁：** 刚开始进入某一个国家或地区的时候，会有些 To B 业务。等我们自己开始做，逐渐自己开的门店多了，会收缩 To B 的业务。

李翔：我的理解是，其实你们不太倾向于做太大的 To B 业务，是吧？

王宁：可以这么理解，因为我们不只是卖货，我们一直强调的还是卖文化、卖理念。

李翔：在国内也有 To B 业务吧？

王宁：有，但是不多。以前 To B 业务可能占 5%，现在只占 1%，但就算是 1%，也比原来 5% 的体量大。现在 To B 业务更重要的选择是，到底选什么样的合作伙伴。比如国内，我们可能需要卖给便利店渠道，或者有些我们认为合适的下沉渠道。当然，我们也会对商品进行一些筛选，比如是不是那些大版权的 IP，像哈利·波特，就更适合去做 To B 业务，但我们核心的艺术家 IP 就不去做，也是一直摸着石头过河。

李翔：我听你的同事讲，从某个时间点开始，线上、线下分开做，也是你们一个比较重要的决策。

王宁：我觉得线上渠道能做起来的核心是得有自己的产品。如果我们还是一个百货业态，都是进的货，帮别人卖，那就没办法做线上，因为任何人都可以进货在线上卖，我没有任何优势。就跟现在很多直播带货一样，你也卖这个货，我也卖这个货。一直到 2016 年，我们真正有了自己的主打核心产品——MOLLY，就有了做线上的良好基础，然后开始做线上业务。你可以去听下我们抖音业务的复盘，很有代表性。这个团队之前是做天猫店的，前年从零开始做抖音，从完全不懂直播开始，现在的体量已经跟我们在天猫的销售体量差不多了。这个团队抓机会的能力和迭代的能力，我觉得都挺棒的。线上、线下我们还是比较均衡的，线下业务包括机器人商店，现在大概占55%，线上业务占40%多。有些公司可能线上太大、线下很小，有些是线下很大、线上不会做。我觉得我们线上、线下业务的比例比较健康，它意味着我们从一个渠道品牌真正意义上变成了产品品牌。

你有没有发现，随着渠道的迭代和商业认知的迭代，不会有人再去问优衣库是家线上公司还是线下公司，它就是一家服装公司。渠道代表流量，它要去抓住这些流量，就意味着如果社会零售总额中线上占40%，那它的线上就应该占40%，这才是一个正常的比例。泡泡玛特变成一个产品品牌以后，如果社会零售份额的线上占比是40%，我们只有10%，那说明我们线上做得不好。

**李翔**：能够做到这样的比例，核心原因是什么？就是因为有独特的产品？

**王宁**：首先，每个渠道我们都及时去推动，不掉队、不偏科，补齐短板。然后是我们的产品特性。就像现在我们在抖音的销售份额变大，是因为整个社会的零售都在往抖音上转，所以有能长大的先决条件，对我们来讲当然就应该去抓住这个转型机会。

李翔：线上售卖泡泡玛特的产品，应该已经比较难表现出你非常强调的线下的那种包裹感，包括视觉、听觉甚至味觉的呈现，以及陈列、灯光等等。

王宁：我觉得各个渠道都有自己的方式，有可能是平面，有可能是售后，有可能是服务体验，总会有些不一样。比如，是不是直播布景的颜值高一点点，也会带来不一样的感受。

李翔：看数据，泡泡玛特在微信小程序的抽盒机，销量是明显高于其他平台的，比如天猫、京东和抖音。

王宁：对，它是一个自有渠道，前几年很流行的叫法是私域流量。

李翔：这几个线上渠道，你是怎么看的？

王宁：我现在更看好我们在抖音的销售。就购物方式而言，整个货架电商在下滑。抖音的算法确实做得很好，它能推给你很多以前没想过会买或者没想过自己还感兴趣的东西。我现在买东西最多的平台就是抖音，我估计很多人都和我差不多。

李翔：你们也不适合在拼多多销售吧？

王宁：我觉得世界在变化，拼多多也在变化，不能说适合不适合，也许明年我们就会做。我前两天碰到一位投资人，他收入应该很高，他说自己现在买东西主要集中在拼多多和闲鱼。我很惊讶，他怎么会在闲鱼买东西？他说他摸索出来一套在闲鱼买全新产品的完整流程，因为闲鱼没有商家扣点，所以商家可以以更低的价格在闲鱼上卖全新的产品。所以很多价格敏感度高的消费者，会有各种各样的方式去满足自己的需求。

李翔：你在拼多多上买东西吗？

王宁：我曾经试过，我觉得挺神奇的，一条三头的数据线卖6块8，包邮，还能赚钱，挺厉害的。

李翔：很多人会认为抖音就是走量，但是你们还挺不一样的，包括 MEGA 系列产品也在抖音上卖。

王宁：我觉得很多时候大家对很多东西都有固定印象，对我们有固定印象，对抖音、拼多多也都有固定印象。但公司都是在变的，没有必要用固定思维去看各个平台和品牌。

李翔：去抖音卖泡泡玛特这件事是一个很重要的决定吗？需要你来定吗？

王宁：也不一定需要我来定。我会花很多时间做一些思考的输出，而不会那么具体。做抖音渠道是当初做天猫渠道的团队认为需要做，我们觉得可以，方向对，那就支持。

李翔：之前讲过，你们不会那么刻意去追求开店的数量跟速度，怎么去评估这个数量就是合适的数量？比如我看数据，2023年上半年在国内开店的速度就明显降下来了，当然在海外明显加快，对速度跟数量有一个评估标准吗？

王宁：你会发现其实越有品牌力的公司越不需要开那么多家店。比如在中国的苹果直营店并没有那么多，2023年的时候只有四十多家，虽然苹果在中国有这么大的市场。再比如香奈儿，2023年年初的时候，它在中国内地只有16家店。真正优秀的品牌不需要开太多店。

当然有些追求大众市场的公司可能会用更激进的方式去开店，动不动就要开一万家店。但我们不会认为自己是那样的大众消费品，而是一个有品牌感的文化产品，不需要让它变得太大众，而且有收藏属性，希望处在"七分饱"的状态。

李翔：所以你们设定过门店数量的目标吗？

王宁：我们设定的目标其实是跟着中国经济的情况变化的，比如每年购物中心发展速度的变化。以前大家买东西都是在百货商场或者步行街，近十年线下最大的一个变化就是购物中心崛起，包括很多地方级的购物中心，也包括国内的龙头购物中心，比如大悦城、万象城、太古里等。我们会看这些优质甲方的发展速度。我们更倾向于优质物业，它们有更好的管理能力、更好的品牌运营能力和更好的物业服务能力。如果它们的速度在降低，我们肯定也会调整和变化。

李翔：线下门店，包括机器人商店扩展的数量和速度，跟线上的数量和速度，会基本持平吗？

王宁：这两年虽然我们新增门店不见得多，但对于门店的优化做得比较多，这是线下我们做得更多的事情。线下400家店就是400个网点，总有些网点表现好，有些网点表现不好。其中有些网点可以通过改造表现得更好，比如可以换到更好的位置、更好的楼层，但有些网点可能要关掉，还有些网点表现很好，就要扩大面积。

李翔：会不会有一个趋势，门店的销售占比会越来越低，虽然现在还是最大的。

王宁：不能说越来越低，我觉得将来也许一半线上、一半线下是正常的，除非有一天整个社会变成了大家都在家购物的样子。

李翔：对，我听过你们会员部门的分享，会员拉新主要还是通过线下。

王宁：这也可以理解为是先有鸡还是先有蛋的问题，客观来看，线下的生意大，生意大了肯定拉新多。

## 迭代是随时发生的

李翔：城市乐园这个项目一开始是你自己带的？

王宁：乐园项目属于我在分支业务里参与讨论最多的，下功夫比较大。即使现在有了乐园总经理，我跟他们开会也开得最多。

李翔：我听说一开始你要亲自带这个项目，后来才把它交给总经理。

王宁：因为这是一个大项目，没人干过，是一个慢慢把它从 0 孵化到 0.1，然后交给什么样的人，到 0.2 了该怎么来弄，再到 0.3、0.5 的一个过程。

李翔：乐园是内部唯一一个你从 0 到 1 带的项目吧？

王宁：我没有从这方面想过这个问题，要这样说，整个泡泡玛特不都是我从 0 到 1 带的吗？泡泡玛特有很多项目，不只是乐园。

李翔：现在的城市乐园，你去看过之后，觉得要优化的地方多吗？

王宁：我觉得现在的城市乐园就是符合预期吧。当然有遗憾，因为它是一个公园里的项目，没有办法去新建建筑，给我们可以发挥的空间很小，只能在这么一点地方见缝插针地去实现我们想象中的感觉。

它做到了最起码的 IP 文化塑造，做到了包裹感，也让大家感受到泡泡玛特真的在往迪士尼的方向迈了一大步。但是确实受限，没有办法做大型的游乐设备，比如过山车。并不是一张白纸让我们肆意发挥，其实是有些遗憾的。不过，好在它是一个城市乐园，在一个非常好的位置，有地铁、有停车场，又在市中心。我觉得它相当于是一个低成本的学习过程，让我们可以有团队的积累、经验的积累，以及对乐园这件事情的认知积累，再做第二个可能会更好一些。

图 3-9　2023 年，王宁与泡泡玛特明星朋友 LABUBU 在乐园合影

李翔：第二个已经提上日程了吗？有时间表吗？

王宁：现在的城市乐园算是一期，二期会在现有规模上稍微扩大一些。

李翔：上次听你聊，像游戏项目，你后来其实连会都不参加了，因为你听到他们讲了那么多名词之后觉得"术业有专攻"。但是如果这样，怎么能确定他们是在正确的方向上往前走？肯定会对一些关键节点进行控制吧？

王宁：是骡子是马，拉出来遛遛。到底是不是在正确方向上，要等它上线以后，看看到底行不行，这个很重要。

李翔：潮玩跟艺术之间的关系是什么？你们推 MEGA 的时候，说是为了推动潮玩艺术化。

王宁：这个行业早期就叫作艺术家玩具或者设计师玩具。或者你这么理解，大家通常喜欢把绘画、雕塑描述为艺术，一个重要的原因是它们没有功能，就是一种纯粹的表达，不管表达的是什么。可能有些人能看懂，有些人看不懂，但它只是纯粹的表达。它是一种文化，大家愿意为这种文化付费。潮玩跟艺术贴近，它没功能，它不是一盏台灯，不是一种生活用品，它是绘画和雕塑的结合，但它也有表达。

李翔：提出来做 MEGA 应该是一个比较重要的决策吧？

王宁：把它放大是一个更重要的决策。比如今年（2024 年）发现搪胶毛绒玩具表现非常好，那怎么把它给放大，让它今年卖 1 个亿，两年后能卖 10 个亿，这件事情可能更重要一些。也许有很多的品类、很多的想法，但不是说每个想法都成功了，我需要做的是让团队快速看到哪些是好的、哪些有很强烈的正反馈，然后去推动它变成一个更具战略性的东西。

李翔：像 MEGA 这样客单价更高的产品跟其他产品在销售和运营策略上会有变化吗？

王宁：都会稍微有些不一样。市场同事在年终总结会上都会很详细地讲 MEGA 的规划，它是一条专门的线。但是如果两年后再回顾，也许会发现搪胶毛绒这条线是新的增长点，也许可能在 5、6 月我们的游戏有超出大家预期的成功，那我们就加大对游戏的投资，现在 50 人团队变成 500 人。就跟腾讯一样，去年是 QQ，可能今年就变成微信了，是会调整迭代的。

## 新 IP 的塑造讲究出现频率

李翔：你之前讲过，今天做 IP 可能跟之前迪士尼通过电影做 IP 已经有所不同，因为今天整个内容变得更碎片化，同时内容也非常多。这种变化对 IP 塑造的过程有什么影响？

王宁：我并没有否认迪士尼这种用电影塑造 IP 的逻辑，只是觉得这个逻辑的效率在降低，而且会越来越低。所以已经有多久没有看到它推出新的 IP 了呢？你再想想上一部真的觉得很好的迪士尼电影，它的角色能变成你心目中新的迪士尼 IP，到现在有多长时间？电影塑造 IP 的效率会越来越低，就像货架电商的效率降低一样，这是个大趋势，很难扭转，因为今天大家看到的信息太多了，内容大爆炸了，而且因为碎片化，短视频用两分钟就可以做到传递情绪，让你哭、让你笑。大家已经习惯了这种密度，这时候再通过电影这么长的时间让你哭、让你笑，可能难度会变大。

李翔：你们自己是做 IP 的，在这样一个新的环境下面，会出现新的做 IP 的方法或者途径吗？

王宁：我觉得比较好的逻辑是，要让这些 IP 更多地出现在大众身边，在生命中多陪伴大家，尽量不要只是成为匆匆过客、一闪而过的潮流。所以核心还是要让它真正出现在大家的生活当中，给予陪伴，跟大家一起经历快乐，经历很多旅程。

李翔：更多出现在一个人的生活和视线范围里，要怎么做到？你们也不会去投放 MOLLY 或其他 IP 的广告，那通过什么方式呢？门店？

王宁：全世界的媒介已经发生了很大变化，广告业也变得很复杂了。我本科就是学广告的，广告已经不是当初那个广而告之的年代，找最大的媒体做个广告，告诉你买电视就买我家的或者洗衣粉就用这个牌子，已经过了那个时代。而且大家也不愿意看了，不愿意再被这种说教式的广告打扰。真正的营销是很细微地融入很多场景，大家更希望看到的是 UGC（用户生成内容），所以要让人愿意去晒图、去分享。这是潮玩 IP 的优势。

李翔：比如你之前举的 CRYBABY 的例子，它是怎么变成泰国的国民级 IP 的？

王宁：它有很长时间的积累，潮玩文化在泰国有很长时间的积累，比如泰国每年有自己的玩具展。这种文化已经培养了很多年，CRYBABY 之于泰国，就像 MOLLY 之于我国香港一样。它的设计师是泰国人，在泰国有很多粉丝，大家会自然地喜欢，因为很多设计元素和想法跟本地文化更贴合。

李翔：那就是在你们签下 CRYBABY 之前，它在泰国的小圈子内已经是个很红的 IP 了，就像 MOLLY 一样？

王宁：对，差不多。

李翔：之前大家想到泡泡玛特就会想到 MOLLY，但如果关心财报，会发现其实 MOLLY 已经不是贡献销售额最大的 IP 了。为什么 SKULLPANDA 会超过 MOLLY 成为贡献销售额更大的一个 IP？

王宁：你可以理解为我们就像是一家唱片公司，我们能做到的只是提供这样一个平台，争取每年新的头部艺人依旧可以诞生在我们这个平台上，同时这个平台能够服务好这些人。

李翔：像 MOLLY 这样的经典 IP，跟其他新的 IP 之间，应该也需要平台去平衡吧？

王宁：MOLLY 其实也是在涨的，并没有说它不涨，阶段不一样。有些音乐家是贝多芬、巴赫和莫扎特，是经典，但也不能逼着所有人都去听他们的音乐。往大众市场走的时候，你会发现有可能其他音乐卖得更好。我认为也不应该用单纯的销量来评判 IP 的好坏。同样，好东西我也要明白它的边界在哪里，比如你不能在台球厅放贝多芬和莫扎特的音乐，氛围不对。

李翔：你们内部也有设计师团队，它会像电商平台一样出现自营跟平台的冲突吗？

王宁：没有冲突，但有竞争。我们认为自己得有产出 IP 的能力，而不是满世界去找别人的 IP。将来有一天如果我们自己有造星能力，可能平台的价值会更大一些。就像迪士尼，迪士尼是自己创造 IP 形象，不会满世界去找。

李翔：外部的艺术家会问你们这样的问题吗？你们会不会把资源更倾向于内部的艺术家，而不是外部签约艺术家？

王宁：除了外部的艺术家和内部的艺术家，我们还有迪士尼的 IP、环球的 IP、哈利·波特的 IP，以及游戏 IP，大家都在同台竞技。

李翔：头部艺术家和公司的关系，会有点类似于艺人跟经纪公司的关系吗？会难处理吗？

王宁：不太一样。我们合作的一些头部 IP，版权现在陆陆续续都转到了泡泡玛特，是属于泡泡玛特的。内部的艺术家也是，知识产权是属于公司的。平台也会给艺术家带来价值，会有很多帮助、建议和反馈。打个比方，就像一个女生很好看，也很有才华，她演了王家卫导演的作品之后，成了明星。

大众看见的好像就是做了个娃娃去卖，但是企业的积累太细节化、太复杂了，它是几千人每天点滴细节的努力，大家讨论的问题都是很细的。在这个过程当中也是在不断犯错、纠正、积累，才沉淀下来一些东西。所以我一直说我们有两个门槛，一个是软性的，因为我们是一家文化类的企业，它需要靠天赋、靠这些艺术家的才华，但另外一个，也要有很多实实在在的经营的积累和团队的积累。

## 企业的每一天都要剪枝

李翔：你提到过很多次，泡泡玛特现在已经成为一个产品品牌，而不是一个渠道品牌。这是一个自然而然发生的过程，还是说你们在刻意朝这个方向努力？

王宁：当然是刻意努力。比如我们最近比较激进地暂停了外部采购，虽然外采商品的量已经比之前要少很多了，从最开始的100% 降到了 10% 左右，但我们觉得 10% 也不能容忍，应该要在泡泡玛特的店铺里，只能买到泡泡玛特生产的东西。

李翔：随着销售的产品品类越来越多，之后会不会又向渠道品牌靠拢呢？

王宁：渠道品牌就好比我开了一家运动城，里边是各个品牌的运动服、运动鞋。产品品牌好比我自己就是耐克，哪怕开的是耐克旗舰店，一楼是鞋，二楼是衣服，三楼是运动装备，四楼是篮球，它也是一个产品品牌，不会因为品类的增加而改变。渠道品牌是卖别人的货，产品品牌是卖自己的货。

李翔：公司上市之后，从你的角度来看，你会觉得你们做得比较关键的决定是什么？

王宁：其实上市前我们的招股书就写得很清楚，就是两件事情：全球化和以 IP 为核心的集团化。坦白讲，到现在别人问我，我依旧认为我们就在做这两件事情，只不过会根据不同时间出现的机会，来看资源的投入节奏。

李翔：相当于最重要的决定在上市之前都已经做好了，是吧？

王宁：对。上市不会对一家公司有很大的改变，上市相当于给我们提供了一些弹药。其实一家企业就像一棵树，上市给它提供了很多水和肥料，但并不是说一家企业做了一个决定，公司的发展就一劳永逸了，中间只管浇水和施肥，它自己长大就行。每年还是要去剪枝的，剪枝属于每一年，甚至每一天都需要做的动作。

图 3-10　2020 年，泡泡玛特在港交所上市

李翔：如果你今天回头去看，会认为有些事情可能应该更快去做，或者更激进去做吗？比如全球化或者增加更多品类？

王宁：有些时候我们认为具体的执行动作可以更快一些。比如我们现在想，店铺里是不是可以有相对丰富的品类。其实这件事情我们已经做了，如果去城市乐园店逛，会发现品类已经很丰富了，完全可以把这些能力拿出来。公司内部这种管理的平衡、资源的倾斜和问题的解决，或者就像我说的剪枝、抓虫，是每一天都需要大家一起讨论的事。

李翔：我这么问是因为大家确实能观察到，2023 年至少在二级市场上表现比较好的公司，很多都是因为全球化做得好，所以我想如果泡泡玛特更早、更激进地进行全球化布局，可能今天公司的状态也不一样。

王宁：我从另一个角度回答你的问题，我跟很多人分享我这次去越南的感受，会说它比我想象的好，但又没有那么好。比我想象的好是因为，它已经不是大家固有印象中落后的样子，这几年有它的历史机遇，一直在发展，能看得出来整个国家和城市的活力。但是也没有大家想象的那么好，新冠疫情期间，国内很多人天天羡慕越南，好像我们的制造业都往那儿转移，那边一片生机勃勃，越南马上要成为亚洲之光和未来的希望。去了以后我发现，越南当然是一个很有活力、蒸蒸日上的国家，但是回程的时候，从越南飞到深圳的过程中看到城市的变化，还是会感慨，我们这几十年也是不白干的，整个国家的综合实力仍然很强。

所以你会发现这里面有一个情绪问题，大家对它的评判很难站在一个完全客观的角度，就像股价对一家公司的评判也很难站在一个完全客观的角度一样。很多事情会加速情绪的变化，产生叠加效应。比如对未来经济状况的预期，大家认为消费会降级，人们会没钱，很多中产会消失，经济会遇到挑战，大家都会回到省吃俭用的状态。随之而来的，就是人们需要便宜货。这种情绪会叠加，会让投资者觉得如果你是做便宜货的、是做性价比的，就更愿意给你更好的估值。但是我自己觉得企业不是只看两三年，还是要看长期的核心价值。你得到的也会让你失去，性价比做得越好，也越会牺牲掉一些东西。

李翔：我听你们的年终复盘会，大家比较频繁地提到中台，所以你们其实是有中台的？

王宁：有。你还没听到中台部门的会，比如商品管理部门，IP开发能开一整天的会，分很多组，每个组负责不同的艺术家IP，讨论一年的产品规划。再比如我刚刚听完整个供应链的会议，也差不多一整天，有工艺组、成本组、物流组，以及工厂怎么管理，事情挺多的。

李翔：我还挺想听一下你对中台的看法。最早应该是阿里巴巴开始提"大中台、小前台"这个理念，再到后来这个理念也变得比较有争议，比如又开始提"拆中台"。

王宁：中台就是支持部门。我今天现场也拆了一个部门，我觉得这个做会员管理的中台部门，可能有点飘在外边了，它应该落地到具体执行层里。对于中台部门，有些可能我们是在加强，有些可能还要成立，有些可能会取消。

李翔：所以它其实也是动态调整的。比如对会员部门，你对他们提的那些意见，甚至建议拆掉这个部门，是你已经酝酿了一段时间，还是临场发挥的？

王宁：就是在现场一秒钟想到的。我平常不参加他们的会，他们基本上半年才做一次汇报，有时候可能到年底复盘的时候才发现有问题。听完以后我就觉得这个部门要拆掉。

李翔：你的风格就是会当场讲，不是再跟他们的上级，也就是中国区负责人去做私下沟通？

王宁：不会，太慢了。我也反思过这个问题，好像显得情商不太高，但是没办法，事太多了，信息量也太大了，再去转达，我不知道会转达成什么样子。

李翔：比如会员部门通过一对一电话召回了 4 万个老用户，但是你认为这件事情是伤害品牌的。你们内部会讨论吗？有没有一个原则清单，标明哪些事情是伤害品牌的，哪些事情是会加强品牌？还是说就是判例法？

王宁：坦白讲，如果今天我不参加这个会，我也不知道他们是给 100 万人打电话，召回 4 万人，才赚了 600 多万。部门觉得是成绩，但是听完以后对我来讲是负担。其实我真的管不了那么细，我也不是全能的，只能让核心高管在过程当中看到问题，然后有问题的枝叶就勤剪。

不同的部门遇到的问题不一样。先做到管理层目标一致、相对稳定，然后就是判例法，大家知道原来发生过的这种事被否了，时间久了，再做一些事情的时候是不是可以举一反三？当然，高管应该有举一反三的能力，没有的话，就不适合做高管。

我的风格比较直接一点，对就对，错就错。做得好，比如抖音部门，我会为你鼓掌，但错的就是错的，我会直接说出来。你今天听了我们不到十分之一的复盘会头都已经要"炸"了，我们还得快速做出一些决策，因为它涉及接下来一年的工作方向。而且这还只是单一部门，部门跟部门之间还会出现需要协调的复杂问题。而且，他们只是低头走路，还有很多抬头看路的事情：到底市场是什么样子的，竞争格局什么样，经济什么情况，都是很复杂的问题，所以我没有太多的时间照顾大家的情绪。

**解决方案都是水滴石穿**

**李翔：**你会对哪种类型的 CEO 或者创业者比较感兴趣？

**王宁：**比我们做得好的我都感兴趣。比如米哈游的创始人，我们也是好朋友，前一段时间高管会还专门请他来给我们做分享。做得好的人肯定有一些自己管理上和理念上的好东西，我们要学习。年青一代的企业家我应该算是认识得比较多的，我还是愿意跟大家交流。

李翔：我记得我们上次聊天的时候，你会讲"其实焦虑已经成为常态了"。

王宁：开了一天会以后，如果没有这种承受力，那得烦死。可能很多事，有人喜欢钻牛角尖的话，就钻进去了，觉得这事怎么办呢，怎么发现这么大的问题，浪费这么多钱，要怎么去改变。可能光一个会就能让他焦虑很长时间，何况信息量还要再大一些。但是人要习惯和焦虑相处，甚至有时候你会发现焦虑说明还有问题，只有解决问题公司才会成长。这样就不怕面对焦虑，也不怕看到问题了。

当然你得让大家有意识地去把问题解决掉，引导大家去想可落地执行的方案，既要有理念上的东西，也要告诉大家怎么去执行，比如海外授权到底怎么执行，机器人商店到底要怎么做。可以给他们一个思路，但也只是一个大方向，让他们知道什么是重点。

我觉得大家要学会抓重点，并且有处理重点的能力。最近我跟刘冉探讨了这个问题，因为思考是需要时间的，所以要选择把时间更多放在哪一层问题上。有时候人一直做某件事，根本没时间去想，就跟一个流水线工人一样，没空去思考是不是换台机器或者换个工作方式会更快，因为光手头的事情都忙不过来了。你会发现可能是因为他们没有时间，也可能是因为没有这个习惯，导致没有对核心问题做深度思考，结果在做很多工作的时候，没有发现可以用一种更聪明的办法去做。当然也不能一直在那儿思考，那就没人干活了。

李翔：你在现场给出的建议，无论是关于海外授权，还是关于机器人商店的，是你已经琢磨过一段时间了吗，还是现场自然而然就激发出来的？

王宁：自然而然的，因为我其实不知道会上要说什么，也不知道他们要问什么问题。你可以理解为因为日积月累，对一件事情有一种下意识的反应，能够告诉别人还可以考虑这么做。

李翔：我听刘冉说，有一次你们开会，司德现场问了一个问题：公司必须赢利吗？我理解他其实是想提醒大家，为了增长，公司可能要付出一些代价。你的答案是什么？

王宁：我要回忆一下。刘冉怎么说？

李翔：她的意思是不矛盾，公司可以一边扩大规模、追求增长，一边继续有情有义。

王宁：其实是种思维习惯，我记得之前跟你说过"三生万物"，很多人都会轴，轴就是对立，是对选"一"和选"二"的讨论。我觉得总有一个更好的答案，都能解决。为什么要去讨论这么绝对的事情？

李翔：在一般情况下，对创始人而言，规模和速度还是很有诱惑力的，所以可能不会纠结这样的问题。

王宁：还是要理性地看，速度是赚钱的速度还是花钱的速度？有可能规模是花钱快的结果，但利润才是赚钱快的结果。诱惑到底是花钱的诱惑还是赚钱的诱惑？有可能是花钱的诱惑，花钱的速度越快越爽，但实际上核心还是在创造价值。创造价值的速度当然是越快越好，但如果你只是期待花出去钱、撒出去网，就可以捞上来更多的鱼，这就属于常常会犯的错误了，没有考虑效率问题，不一定撒出的网越多，捞上来的鱼越多。所以要去平衡，否则就跟拔苗助长一样。我给团队提的要求也是，比如抖音团队，我提出的是至少翻一倍。但是对机器人商店团队，我会觉得 10% 的增长不够，能不能冲一下 30%。因为后者跟抖音团队处在不同的阶段，我也不希望他们激进地追求增长，而且我给出的命题是：在不增加机器的前提下，想办法做出 30% 的增长。

**李翔**：其实对很多创始人而言，还是会对大规模有渴望。

王宁：优秀的创业者都有自己的理想主义，我有我的情怀，跟钱没关系。

**李翔**：现在什么事情会让你焦虑，甚至影响睡眠？

王宁：我总觉得很多解决方案是水滴石穿，很多问题也是日积月累，所以还是经常要去做一些修剪工作。很多问题都是一点点积累的，那就不要让它变大，在小的时候就解决掉，不要让它变成一个巨大的问题。现在我周一还是起大早去开整个公司的会，周二基本上不缺席管理层会议。我不会突然之间发现我们一下子开了几百家、一千家店，开店也是提前一年规划，要根据新一年的经济和社会情况去做规划，所以其实是提前规避很多问题。

李翔：你在周一几点起床？

王宁：不管前一天忙到多晚，我9点钟必须到公司，所以7点多要起床。

李翔：你的睡眠质量一直挺好？

王宁：时好时坏，但我觉得整体还行，现在睡眠还可以，很少失眠。

李翔：你的整个创业过程里面有没有那种愁到睡不着觉的情况？

王宁：除非那些不可抗力的东西，这类问题是不可控的。

李翔：你上次讲，其他创业者如果特别痛苦焦虑，你建议他们去找一些人交流交流。你自己呢？

王宁：所以我跟他们都认识。

李翔：是你找他们交流的，还是他们来找你交流的？

王宁：我有时候会组织一些饭局。比如有一次我组了一个饭局还挺有意思的，有老牌企业家，有做消费类产品的、做社交平台的、做游戏公司的企业家。我比较喜欢跟大家聊一聊。

李翔：如果要回头去看，整个创业的过程里面有什么是你特别想回去修正的决定吗？

王宁：我倒觉得还好。其实习惯解决问题就好，我觉得一切都是挺好的安排。可能一件事不成功，但大家还是要试一试才知道。我们有很多不成功的项目。比如我之前很喜欢一个IP，我对它信心很足，但是后来发现不行。我经常说，我推动的东西也不一定是对的东西。我会及时认错，错就是错。

李翔：但是它并不会损害你在公司内部的信用度？

王宁：可能大家内心已经烦死我了，（笑）所以很多事我尽量不过多参与。但有些时候是忍不了，因为我的信息还是最多的，或者说我对公司的理解是最深的。毕竟我开的会最多，我知道每个部门在想什么、在做什么。比如刚开完机器人团队的会，我让它空出来50%的空间增加商品；接下来去开商品的会，可能商品的规划里边没有这些东西，那我就要跟他讲需要规划这些东西。当然这只是一天内发生的事，这么多年下来，我觉得我对很多事情的理解，深刻程度和全面程度和其他人还是不一样的。

我们这个行业跟其他公司不太一样，可能很多公司都有现成的参照对象，比如做饮料，学农夫山泉是一条路，学可口可乐是一条路，但我们没有参照对象，我们必须自己蹚出来。

李翔：对，所以你们确实是一家有创造力的公司。我记得之前在一个活动上，有人问你："你是怎么想出来这件事的，把潮玩放到盒子里去卖？"我相信很多人都有这样的疑问。这是不是陌生人见到你问得最多的一个问题？

王宁：现在这样问的人已经很少了，可能已经被我屏蔽了。（笑）还有一个问得较多的问题是："泡泡玛特的 IP 为什么没有故事？要不要有故事？"我觉得多数人问这个问题的时候，代表他对 IP 的理解就是要有故事，或者其实他是带着一种质疑态度的，他总觉得要是没有故事，能持续吗？迪士尼这样的百年老店都有故事，你们怎么没故事？当然现在这样问的人少多了。

04

# 让故事继续

我在 2024 年 2 月做完了以上对王宁的访谈。当时，这家公司的市值约 250 亿港元。他们把海外业务视为新的增长点，预计全年在海外的收入规模会超过 10 亿元。

　　一个多月之后，泡泡玛特发布了 2023 年财报，全年营收超过 63 亿元，同比增长 36.5%，净利润为 11.9 亿元。被他们视为亮点的港澳台及海外市场的营收也如预期突破了 10 亿元，占公司总收入的 16.9%，增长 134.9%。

　　经过 2022 年一整年的近乎停滞——其营收同比仅有不到 3% 的增长，利润更是有超过 40% 的下滑——王宁和他的公司终于又回到高速增长的通道上。

　　在某种程度上，这些数据也缓解了这位年轻创始人的压力。在相当长的一段时间里，他都要应对各种不太友善的外部疑问：潮玩是一种真需求，还是会随着用户热情的转移而消失？泡泡玛特的增长是可持续的，还是很快就会遇到增长天花板？

因此，尽管 2022 年的"大减速"有很大的外部环境因素，但增长的放缓也会被用来说明泡泡玛特本身遇到了挑战。毕竟，同期市场有太多过往的明星公司在冲击之下突然举步维艰的例子。

现在，数据证明了王宁和泡泡玛特并非抢占了一时的风口。2024 年 7 月，王宁第一次入选《福布斯》"2024 中国最佳 CEO"榜单。《福布斯》中文版把他的照片放到杂志封面，称 37 岁的王宁是"本榜单有史以来最年轻的一位白手起家创始人"。

不过，尽管泡泡玛特 2023 年的表现已经足够好，但它似乎刚开始加速。

半年之后，2024 年 9 月，我再次见到王宁。此时泡泡玛特的市值已经上涨到 650 亿港元左右。公司刚刚公布了 2024 年上半年财报：收入超过 45.6 亿元，同比增长 62%，净利润为 10.2 亿元。其中中国内地收入超过 32 亿元，同比增长 31.5%，港澳台及海外收入超过 13.5 亿元，同比增长 259.6%，收入占比达到 29.7%。泡泡玛特发布的业绩指引说，2024 年公司的营收预计会超过 100 亿元。

对于一家消费品公司而言，这些数据证明这是一个值得骄傲的里程碑，但是王宁却比我之前见到的任何一次都更加平静。

用他的话说，更大的规模，对他和他的公司而言，更像是推开了一扇新的大门，让他们能够看到更多的可能性，发现原来还可以去做更多好玩的事，比如在全球市场还可以更加勇敢；乐园可以做得更好；游戏和积木业务也能更好；可以有更多创新……

*9 月的访谈之后，故事仍在继续……*

## 这半年的表现为何如此抢眼

李翔：从财报来看，这半年你们的表现挺抢眼，尤其是考虑到环境因素。你们做对了什么？

王宁：我觉得是因为我们很早就做了准备。业绩好的背后意味着很多东西。首先，你的产品肯定是好的。其次，运营在进步。再次，整个海外的增长曲线也很强劲。这些其实都是因为前期的努力。

首先是产品。两年前，我们发现产品开始单一化，大家依赖某种设计方向，都朝一个方向走，出现了很多"内部打架"现象。于是我们把产品部进行分拆，希望加强他们的创意创新，提高整个组织的灵活度和效率。效果很明显，分拆之后，整个产品的丰富度上来了，开发效率和迭代速度也提升了，出现了很多创新性想法。你现在看到的产品都是至少 10~12 个月之前规划的，这说明当时的产品调整决策发挥了重要作用，不断有好产品，自然伴随好的业绩。

其次是管理的优化。团队现在慢慢在各个渠道找到了自己的方向，抖音的增长很好，海外的增长更好。以前我们认为海外业务带来的好处是拓展了海外的销售，但今年我们发现，海外业务做得好还可以反哺国内业务，这半年很多外国游客来中国旅游的时候会专门逛我们的门店。

我问了很多区域的负责人，现在有些门店外国游客的销售占比甚至达到 15%。这其实挺有意思，也容易理解，就像法国的奢侈品、瑞士的手表和日本的清酒，可能绝大多数都是被外国人去当地买走的。

李翔：两年前开始分拆产品部门，拆之前跟拆之后的主要变化是什么？它相当于组织架构调整吗？

王宁：对，以前是一个大中台、大的产品部，有一个产品负责人，下边是 3D 团队、工程团队、供应链团队。后来我们把它拆开，3D 团队和工程团队都拆。比如产品部有自己的 3D、工程和产品企划，可以按 IP、艺术家或者大类目分拆，比如做 MEGA 的、做艺术家 IP 的、做大版权的、做衍生品的、做毛绒的，随着业务体量的变化，拆成很多产品部门，加大创新。内部还成立了很多新的工作室，用更灵活的方式去签更多可能被公司忽略的、有潜力的艺术家。

李翔：分拆之后，相比于之前一个大的产品部门，有同一套中台来支持，会不会增加一些重复性工作？

王宁：稍微有一些，但是更扁平化了。比如你是毛绒组的，你就做这个品类的创新。之前是要围绕 IP 来做，具体流程是 IP 先开发一个产品，这需要提前 12 个月规划，反复跟艺术家沟通，定稿以后再定发售日期，然后再根据 IP 的发售日期推断这个系列可以怎么做。现在的逻辑完全不一样了，会更独立。

李翔：相当于效率更高了。

王宁：是。比如我们今年十分受欢迎的 LABUBU 搪胶毛绒，按以前的逻辑是不会出现这种产品的。以前的逻辑是，LABUBU 今年要发布某个系列，伴随这个系列再去做一些周边产品。LABUBU 搪胶毛绒跟这个系列是没关系的，它属于一条独立的产品线。

李翔：相当于团队的创意更容易涌现了，之前决策效率比较低？可以这么理解吧？

王宁：对。

李翔：你肯定知道，这半年，大家很关心你们的股价。今天开盘之前，我查了一下，泡泡玛特的股价是 46 元左右。泡泡玛特上市之后，股价最高的时候达到 107 元，最低的时候跌到 10 元以下。面对这种起伏，你是什么心态？你应该是比较关心股价的创始人吧？

王宁：我其实没有那么关心股价。股价的影响因素太多了，不取决于一家企业的表现。当然如果你的股价高，说明你有很好的股东回报，可以给出很好的员工激励，这也是对公司的一种认可。从这个角度来看，我当然觉得股价高挺好，它是公司有竞争力的一个体现。

## 海外要再勇敢一点

李翔：因为做全球市场，这半年，你跑了很多国家和地区，是吗？

王宁：今年去国外出差确实多，创业到最后拼的就是体力。我现在几乎不用倒时差了。

李翔：上半年你超过一半的时间都分配在了海外市场，因为创始人的时间和精力分配往往代表着公司的重点方向。这会不会意味着，你们把全球市场作为一个更重要的方向去发展？

王宁：从数字来看，我们的海外业务增长非常快。去年，我们提出"海外再造一个泡泡玛特"，就是希望海外的收入能达到2019年上市时的水平，现在提前几个月就实现了。实现这个目标原本需要海外增长100%，后来发现今年上半年的增长可以达到200%。整个节奏和增速比我们预期的要快，而且无论是在东南亚，还是在欧美，产品的受欢迎程度都不错，这给了我们更多信心。

当然也有很多挑战，到更多国家，面对不同文化，做不同地区的渠道，工作也会大量增加。

李翔：对于海外比较重要的门店，尤其是首店，你一般会在什么时候去看，感觉怎么样？

王宁：我觉得我们有些地区的首店不是非常理想。这两年我到海外巡店，常常跟当地团队讲，要再大胆一点，不要总是算财务账。我希望在一些核心国家、核心地区、核心城市开店的时候，能够高举高打，更有胆量把店开到位置更好的地方，开更大的店。

作为一个新品牌，当地的商业市场对品牌的认知度很低，愿不愿意给你更好的位置，以及能不能招到优秀的人才，这些都是挑战。可能慢慢开了几家店以后，当地团队会更有信心。但是，我现在就鼓励他们再勇敢一点，有些地区可以适度资源超配，做一些更好的店和更长远的规划。

李翔：你鼓励他们大胆一点，我理解他们应该会根据公司给他们的预算决定怎么开店，这不只是胆量问题。

王宁：很多时候我会问，为什么这个店这么小？这条街那么多黄金位置，为什么开在这儿？然后他们就说，当初有一个很大的门店选址，但是一算账就不敢开，租金太高，怕收不回成本。然后我就会鼓励他们，如果遇到这种机会，真的有很理想的选址，可以直接跟我讨论。当大家都希望往前冲的时候，就不要仅仅站在预算或者谨慎经营的角度，特别是一些国际都市的核心地段，我们还是希望能够开出更好的店。

李翔：这些重要城市，无论是巴黎、米兰还是阿姆斯特丹的门店，一般都是首店。对这种城市的首店，你们有大原则吗？它一定要在核心商圈吗？

王宁：虽然我们的海外业务增长得很快，但我们在绝大多数区域还处在初级阶段，门店数量很有限。比如现在泰国生意这么好，也只有 6 家店，未来在印度尼西亚、菲律宾、马来西亚这些国家，我们都会更大胆一些。

随着整个海外业务越来越大，我希望海外的组织也做一些迭代，这是对公司管理的一种挑战。原来海外业务规模很小的时候，海外组织非常独立，为了不影响它的发展，基本让它自己管理，自己招人，自己做市场、做拓展。这个季度，海外占比已经达到40%，明年可能会超过 50%，那它就应该有更高的管理标准。不管是营销团队，还是运营团队，都需要一些整合和调整，包括一些人才的迭代。类似一支独立的编外军要融入主力部队，主力部队也要给它赋能。现在编外军已经发展成一支很强大的部队，怎么让他们相互融合，我觉得这是个挑战。

李翔：现在海外业务跟国内大盘之间的协同大概是个什么状况？

王宁：有一段时间其实是很割裂的，因为节奏完全不一样。早些年国内也处于一个高速增长期，业务量非常大，基本上核心运营团队都在服务国内业务。

而海外组建的税务、运营、物流团队都是国际背景的，这个过程中肯定有一些配合，不管是产品的配合、IP 的配合，还是运营的配合，慢慢发现大家还是会有一些摩擦。

后来为了解决这个问题，我们直接把美国业务从海外业务中分拆了出来，交给国内团队来运营。国内团队通过拓展美国市场，学习在海外怎么做，到底会遇到什么样的问题。

在这个过程中，大家会相互理解，而且也加速了国内外团队的融合。我估计到 2024 年年底，美国门店能达到 20 家，估计到明年不低于 50 家。

李翔：因为国内团队同时也做美国业务，所以国内团队也就更理解其他海外团队了。

王宁：对，国内团队因为要自己做美国业务，所以最起码间接逼着他们提高英文水平，熟悉海外用户的习惯，提高对海外市场的理解。

李翔：这个方法挺好。海外这块，今年上半年应该是 200% 多的增长，比预期要好，这是因为之前定的目标有点保守了吗？

王宁：在去年（2023 年）的大环境下，我们保持了增长，大家对我们的表现很满意。今年，虽然基数在增加，我们还是很有信心保持一个高速增长的态势。上半年，集团可以做到 60% 以上的增长，海外做到超过 200% 的增长，其实翻倍地完成了我们年初确定的目标。核心还是因为海外的业务增速超出预期，海外业务在整个集团的占比越来越大，它的高速增长推动了整个集团的增长。

## 海外市场的惊喜

李翔：在半年报里，我看到港、澳、台及海外的同比增速是259.6%。其中哪个市场有惊喜？

王宁：今年最大的惊喜肯定是泰国。我觉得泰国的热情点燃了整个东南亚市场，影响了很多国家。

李翔：为什么泰国会出现超预期的火爆？

王宁：泰国旅游城市居多，文化比较包容。泰国也举办了很多年的潮玩展，相对其他国家，泰国人对潮玩文化有更深的认知。而且整个泰国的生活状态很年轻化，生活节奏没有那么快，人也比较放松，精神类消费会更多一些。

李翔：有没有哪些方法或者技巧是可以复制到其他市场的？

王宁：我现在觉得泰国有点过于火爆了，从销售上来说是好事，但也带来一些问题。泰国目前就开了 6 家店，销售额几乎都能进全球前十。业绩当然是好的，但我在现场的体验是差的。因为它太火爆了，每次去都要排长队。

虽然很多人都在感慨说，中国品牌在海外很受欢迎，大家都在排队，但我还是希望能够提升大家的购物体验。如果买个东西需要排队这么长时间，而且还断货，其实是对用户热情的一个巨大消耗。

以前我们规模小的时候，遇到火爆的排队场景大家都很兴奋，因为很多人排队代表着品牌很受欢迎，代表着可能有很好的业绩。但是我们今年一直说，大家要成熟起来，排队说明购物体验可以做更多优化，这是我们今年想做的，要成熟起来，要自信起来。

李翔：对于门店前有很多人排队这一问题的应对策略应该是什么？是开更多的店吗？

王宁：有很多可以优化的地方。也许我们可以增加线上的投入，也许运营流程可以优化，可以开更大的店，可以给收银区域更大的空间，甚至提升门店仓储物流的速度等，这些运营层面的事情可以做得更好。

李翔：我看你在财报会议上说今年营收会超过 100 亿元？你会把 100 亿元视为一个里程碑吗？

王宁：对。我们非常有信心今年营收会超过 100 亿元。当年我们第一家门店开业，一年才卖一二十万元，很难想象十几年以后，我们可以成为一个营收过百亿元的国际化品牌，特别是在今天这样一个充满挑战的环境下。这不仅让我们兴奋，还给我们带来一些力量，让我们坚定地往前走。所以我觉得这是一个里程碑。

## 好的时候要警惕，不好的时候要自信

李翔：你们在海外开店有大的策略指引吗？

王宁：其实我们跟很多年前比的话，变化很大，现在不管产品、品牌、管理都做得更好了，而且也有足够的现金流。所以这个阶段我强调再勇敢一点。不同城市、不同国家当然节奏不一样，但是现在既然已经被验证了，不同文化背景的人都喜欢我们的产品，那就勇敢地加快脚步，勇敢地开拓更多国家的市场，勇敢地去开更好的店，勇敢地去招募更多优秀的国际人才。未来，我们会在欧洲、北美、东南亚建立更多的区域总部。

李翔：为什么泡泡玛特的 IP 能够跨越文化，让不同国家和地区的消费者都喜欢？

王宁：我在东京国际机场拍了一张照片，上面有一句话：To the World，From the World。走向世界，来自世界。这句话真的很好，想要走向世界，首先我们要来自世界。就像我们要成为一家世界级企业，首先我们的人才、艺术家和平台就要来自全世界。

李翔：泡泡玛特的全球化，其实启动得很早，但我认为 2020 年到 2022 年，你们的压力挺大的，因为整个世界都面临外部挑战。

王宁：有时候事情是相对的。像我们的产品，前期需要很长时间，最起码说明书得有多种语言，产品要符合多国检测标准。不是说我今天把一批货发到海外，下个月就可以卖了，它需要整个体系的配合，也需要充足的时间去准备。疫情虽然带来了很大的压力，但是海外地区很多黄金位置也会空出来，这给了我们很多机会。

李翔：那几年中，至少有一个时期，你们向海外拓展的速度肯定放缓了吧？

王宁：我们从来不追求快……如果海外业务一下子涨了500%、1000%，我觉得这是不健康的，肯定也不希望它发展得那么快。比较理想的节奏是，你在快速发展，但属于线性增长。就像我们讲的那句话：尊重时间，尊重经营。因为线性增长，大家可以比较线性地完善很多东西，太快的话可能会出现物流跟不上、人员跟不上的问题，也就是说只是业绩在增长，但实际上背后会有很多问题。

我这几个月常常提醒大家，当满世界都是好消息的时候，一定要提醒自己，不能够被这些好消息冲昏头脑，要看到运营中各种各样的问题。华丽的数字背后，其实都意味着陷阱，值得大家警惕。

李翔：所以发展越好的时候反而越需要警惕，不好的时候反而需要信心，要自信。

王宁：记得很多年前我说，我其实比较喜欢逆风飞翔。因为逆风说明你还在飞，说明你在长肌肉。顺风的时候当然很好，可以顺势而为，但也可能增加不必要的"肥肉"。高增长可以帮助你解决问题，但也会滋生问题，或者掩盖问题，这其实都是需要我们思考和警惕的。

我希望公司能够保持高速增长，因为有些问题必须通过高速增长来解决，比如大家需要提高收入，优秀的同事需要更大的舞台和更好的个人发展，需要更多的晋升空间，公司也需要吸引更好的人才等等，所以你一定需要增长，只有保持一个合理的增长速度，才能解决这些问题。高速增长背后的数字是好看的，但具体到某个区域、某家店做得到底好不好，是不能被掩盖和忽视的。

李翔：对于好看的数据，如果细拆，还是能看到很多细节上可以改进的空间。

王宁：对。就是那句话，当好消息满天飞的时候，其实我们更应该关心坏消息。

李翔：我之前跟 Justin 聊过，他说，在海外业务发展的早期，每次开高管会都能感受到来自你的压力。

王宁：你可以理解为压力，但是你也可以理解为这是一种期待，相当于整个公司在强调海外的重要性。我就是想告诉大家，海外营收有一天必须超过 50%，我希望海外团队成长得更快，国内团队可以更好地融入。可能很早的时候就这么说，他们会感受到一些压力，实际上整个公司的大方向是全球化，他们承担的责任会更重一些。

李翔：外部环境确实挑战很大的时候，有想过缓一缓吗？

王宁：挑战和问题每年都有，现在遇到的情况比刚创业那会儿随时会死掉的状况好多了。

李翔：在做海外市场的时候，你有跟外面的人聊过吗？吸取一些经验或者学习一些技巧？

王宁：我们算是中国品牌出海的排头兵，其实很少有可借鉴的经验。之前中国公司出海更多的是为了满足海外华人的需求。真正服务全球用户的出海，做到的品牌不多。

李翔：所以很少有可参照的对象？

王宁：参照对象更多是国际品牌，比如乐高、耐克、优衣库，看它们怎么做国际化。

李翔：乐高的全球化给你什么启发？

王宁：比如它开店的选址、开店的数量以及开店的节奏，我们都可以看一看。当然，慢慢地，我们可参照的国际品牌也变多了，可能不同地区也都不一样。

## 国内市场的策略

李翔：对泡泡玛特而言，国内市场的策略跟海外市场的策略有什么不一样的地方吗?

王宁:在国内,我希望有更多的创新业务。毕竟大本营和核心团队在这儿,我们希望在国内可以去做一些创新的事情,不管是新的品类,还是新的业务,都可以尝试和孵化。乐园、游戏、饰品、积木等等,这些都是先在国内进行孵化的。

李翔:看你们的半年报,其实国内也有超过30%的增长,是通过门店效率的提升吗?

王宁:第一,今年我们的产品确实更出色一些,爆款产品驱动销售的增长。第二,我们的运营能力有所提升,今年上半年门店数只增长了几个点,但销售增长了30%,核心是同店同比增长明显。第三,随着海外业务的增长,影响力的提升,海外用户的消费力也会反哺国内门店。

李翔:你们在半年报业绩发布会上说,乐园也有盈利。乐园需要这么快就盈利吗?

王宁:因为它本身是一个小型乐园。虽然盈利,但做得还远远没有达到我的预期。当然因为场地有一些限制,但我还是希望能做更多的优化。今年我也专门去了很多海外乐园。我相信,给我们一些时间,可能两三年以后,乐园会有一个翻天覆地的变化。

李翔:你会对团队提盈利的要求吗?

王宁：不会。乐园是我开会最多、发火最多的业务，这两年总觉得他们做得不够好。

李翔：所以是你没有要求他们盈利，但他们盈利了？

王宁：因为本身投入不是很大，所以我觉得这个盈利没有价值。从经营来看，投入小，产出也小，盈利也不是特别多。它是一个可持续的、健康的业务，但我觉得它现在不是我想象中的卓越业务。我们的理念是要么不做，要做就做到极致。我希望它可以更好。

李翔：你今年去过海外的其他乐园？

王宁：我最近刚去过丹麦一个叫 Tivoli（趣伏里公园）的乐园，它是世界上最古老的乐园之一。这个乐园跟我们非常像，它位于市中心，面积也不是特别大，通过 200 年的打磨，整个乐园的体验非常好。当年华特·迪士尼也是因为去了那里，才有了灵感要做迪士尼乐园。

李翔：它让你觉得惊喜或者印象深刻的地方，具体是什么？

王宁：首先它非常适合我们，因为我们乐园的定位就叫城市乐园，它也是城市乐园，位置在市中心，面积不大，但商业密度和成熟度很高，游乐设施也很成熟。举例来讲，我们的乐园一直侧重在白天运营，今年虽然开始增加一些夜游项目，但始终是辅助项目。反观 Tivoli，自诞生之日起就是一个晚上大家聚会的地方，从马戏团到嘉年华，再到游乐设施，都能给大家带来很好的游玩体验。

李翔：现在泡泡玛特乐园的问题是什么？

王宁：首先，我们的发挥空间很有限。其次，乐园毕竟是一个物理空间，牵扯到设备、审批等，不是说今天发现错误，明天就可以改，做出想要的东西需要时间。

李翔：迭代速度会慢一点。

王宁：对。如果给现在的乐园打分，我只能打3~4分，希望两年以后能够做到7分。虽然现在很多人觉得我们的乐园已经很不错了。

李翔：游戏业务的市场反馈怎么样？

王宁：游戏对我们来说是一个新业务，所以可以给游戏足够的耐心。游戏上线以后，每个月的收入是正的，起码他们能够养活自己，大家用足够的时间慢慢迭代。

李翔：积木呢？用户还是之前泡泡玛特的典型用户吗？

王宁：积木会吸引很多男性用户，他们以前就是玩积木的。当然任何业务线都需要一定时间的积累，积木刚出了第一代，我看了积木的第二代、第三代产品，都有很强的购买欲望。积木将来是一个非常重要的产品线，我们有信心做得更好。

图4-1　2024年6月，泡泡玛特旗下首款积木产品"THE MONSTERS 森林秘密基地系列拼搭积木"正式上线

## IP 的运营和联名

李翔：2024年上半年这么多的 IP 和产品线里，有哪些表现超出了你的预期？

王宁：从数字上来看，今年上半年的销售排名，MOLLY 重新回到第一名，LABUBU 又冲到第二名。这其实验证了我们之前一直讲的，一个 IP 的生命力和商业价值取决于运营。

MOLLY 已经 18 年了，LABUBU 也很多年了，很多人认为MOLLY 在走下坡路，LABUBU 也要过时了。但是你会发现，通过运营，可以重新激发 IP 的价值。

李翔：对于 MOLLY 或者 LABUBU 这种 IP 的运营，具体会有什么动作？推新品？

王宁：MOLLY 会给它很多产品线，比如 MEGA 线，更多的是面向收藏的用户，比如公仔线也会有常规 MOLLY，还有 BABY MOLLY、SPACE MOLLY 和经典复刻 MOLLY，它们的设计方向不同，产品更丰富。

关于 LABUBU，通过乐园让 LABUBU 真正走到你面前，跟你有更多互动，创作大家都很喜欢的 LABUBU 之歌。这些是另外一个 IP 运营路径，它让 LABUBU 又火了起来。

李翔：我去逛了乐园，还开玩笑说 LABUBU 是最大的赢家。

王宁：不管是 MOLLY，还是 LABUBU，乐园给它们带来了巨大的价值。只不过我们觉得乐园本身还可以做得更好，可以带来更大的自身价值和辐射价值。

李翔：这种运营主要还是通过产品？

王宁：这是一种综合运营。我们想要搭建的是一个综合的商业框架，零售、乐园、游戏等每个环节都相互作用、相互支撑。

李翔：这种运营主要还是停留在你们自己的生态里面吗？

王宁：也包括其他生态。比如今年我们想要主推 MOLLY、CRYBABY 或者 LABUBU，那我们做授权合作的时候，是不是可以优先推它们？把更多的资源给它们？比如今年运营 LABUBU 的时候，跟瑞幸咖啡的联名就是跟外部合作方一起来推它。

*李翔：你们这一年多做的联名里，你比较满意的是哪个？瑞幸 LABUBU 联名可能比较火一点？*

王宁：我们在做各种联名合作，最近 SKULLPANDA 跟华为的联名，我觉得也挺好。慢慢地，大家会意识到，我们就像迪士尼一样，可以成为大家长期的授权合作伙伴。比如我们跟优衣库已经合作了好几年，每一年都有新的 IP 给它，我相信如果继续合作五年，每一年也能给它一些新的、有影响力的 IP。同理，对很多品牌都是如此。因为我们有足够丰富的 IP 库，每年都会有新的表现非常亮眼的艺术家，这其实也证明了平台的价值。

*李翔：跟优衣库的合作是以国内为主吗？*
王宁：不是，已经卖到很多国家和地区。

*李翔：你们的联名策略是什么？比如会挑品牌？*
王宁：联名不是说只想赚一些授权费用，主要还是希望大家能够合力做出有影响力的 IP 营销，提升 IP 价值。

李翔：是会挑品牌的？

王宁：对，好的品牌会投入更多资源去做推广、找代言人、拍广告片、做品牌曝光。我觉得这些资源更有价值。

## 全球化动力和"卷"

李翔：你们很早就想要做全球化，今天叫出海，它的动力或者初心到底是怎么来的？

王宁：我们一直说想要做一个伟大的企业和一个受人尊敬的品牌，我大学是学广告学的，那时候天天学的、看的4A（美国广告代理商协会）公司做的品牌广告案例全是海外品牌，包括每年全球品牌价值排行榜，基本没有中国消费类品牌。那时候我就想，哪一天我们自己能够进入这种榜单，所以我们一直在往这个方向努力。

李翔：比如中国几个新势力造车品牌，它们出海或者全球化的策略和节奏其实挺不一样的。

王宁：它们竞争太过激烈，不管是新势力之间的竞争，还是跟传统车企的竞争，非常惨烈。我们不太一样，我们是一个开拓者，一定程度上是我们开创了这个品类真正的商业化，我们用一种新的产品和生活方式去服务世界上不同国家的消费者。

李翔：新势力里面，蔚来很早就开始布局出海，而理想的业务基本是在国内。所以我想，这可能跟创始人的动力或者性格有关？

王宁：我觉得可能还是因为行业不同，它们确实竞争很激烈，而且新能源汽车的国内市场足够大，有足够多的事情可以做。我们今年在海外新开店的数量已经超过国内，如果现在国内还是可以每年翻倍开店，那也许我们更多的注意力和时间还是会花在国内。业务是诚实的，虽然每天国内还有很多事情要做，但海外的成长效率更高，正反馈更多，同时我们也希望能够在这个过程当中作为中国新一代的品牌走向全球。

我们刚创业的时候就希望成为中国新一代品牌，不只是卖货，还希望能够提供情绪价值和文化价值，能够成为真正意义上新一代的消费品牌。

可能之前的创业更多需要勇气，胆子大就可以做得很大，后来你发现真正想做一个优秀品牌，需要的是综合能力，不再是当年创业"一招鲜，吃遍天"的时代了。要有好的线上能力、线下能力、运营能力、品牌能力，还要有公司里复杂的对"柴米油盐"的管理能力。你会发现从我们这一代开始，更多优秀的人才愿意进入零售行业。

**李翔：为什么相对于其他行业而言，你们面对的状况没有那么卷？大家都在讲"卷"，为什么你们就没有这么卷呢？**

王宁：我们也卷。其实哪个行业不卷？我们 IPO 那年，当年成立的潮玩公司就有 5000 多家。只不过我们有这么多年日复一日对行业的理解，以及点点滴滴的运营积累起的门槛。此外，这是一个很特殊的行业，它也有感性的层面，不是简单通过理性运营就可以做得好。

当然我也不认为我们做得很好。今年我们的年度关键词叫"向上努力，向外看"，我们不希望把视野仅仅聚焦在行业内的竞争，而是要把自己化身成一个挑战者，去跟真正的国际品牌掰掰手腕，尽管我们跟这些优秀的企业还是有很大差距。

## 向上努力，向外看

李翔："向外看"的意思就是要去看乐高、万代这些公司吗？

王宁：完整的表述是"向上努力，向外看"。今年很多时候大家都在讨论消费降级，以前都聊消费升级，现在都聊消费降级，人是会跟风的，情绪也会跟风，动作也会跟风。大家都说今年生意不好做，于是很多人开始研究消费降级以后怎么办？是不是要降低客单价，是不是要做其他动作？首先，我不认为消费会降级，就算消费降级，审美也不会降级，情感需求也不会降级。我们希望做"品牌向上"。

"品牌向上"是说，希望我们规模扩大以后，不是通过降价、降低服务品质吸引更多用户，而是当我们有更多能量的时候，是不是可以给门店换更好的位置，是不是可以装修得更好一点，产品品质再好一点，营销费用可以多一点，是不是可以招到更好的人才？我们希望往上走，而不是一窝蜂地跟风所谓的消费降级。

"向外看"一方面是要看到我们跟优秀的企业相比，还很渺小。看到这个世界上有更多的优秀企业，然后我们才可能做得更好。年初我带着整个管理层去了美的集团，由于行业差异，不少同事对美的了解不多，到了以后才发现那是一家销售几千亿元规模的公司。我们其实处于一个很初级的阶段，不能让大家认为100 亿元销售规模就是一个很厉害的成就。我现在觉得，我们太小了，到底什么时候我们才可以做到千亿元，我们要怎么推动自己的进化？

IPO 上市的时候，所有人都很兴奋，但我基本上每年都会说一遍，我们的商业生涯刚刚开始。特别是 2022 年，因为种种外部原因基本上没有增长，很多人都说遇到瓶颈了。2023 年开始恢复并增长，大家还是会想，到底我们的天花板在哪里？很难想象 2024 年（上半年）我们的体量已经这么大了，还能有这么快的增长。一个企业是在不停迭代、不断进化中成长的，所以我要让大家多去看看外面的世界。当然"向外看"也包括出海，因为全球化后大家的视野和观念也会不一样。

李翔：所以已经开始打预防针了，担心大家膨胀？

王宁：我觉得这像是又打开了一扇门，而不是那种终于登顶的感觉。大家积累了足够的视野和能力后，发现原来我们还可以做那些事情，就是那些以前想都不敢想、更谈不上做的事情，这会让我更兴奋一些。

李翔：规模本身就会带来很多变化。

王宁：规模的扩大意味着最起码你有了更多的资金、更强的团队、更好的视野。就像刚才说的丹麦的乐园，以前大家都没去看过，公司小的时候，连差旅费都不够，你怎么组织大家去看？更何况我都没去过。而且就算你五年前、十年前去看，你也不可能做，想都不敢想，因为距离做乐园还远着呢。但是现在，我们已经有了一个乐园，也有了足够的资金，可以投入更多的资源去做落地执行，再加上有更开阔的视野，你就知道什么是好的，该怎么做。

李翔：所以规模本身带给你更多的还是愉悦感和成就感？

王宁：我觉得就是不停地往上走，当你登上了一座山以后，你会发现自己可以看见更大的世界。站得高的好处是视野好，不会被遮挡，当然你也会发现前面还有更高的山。

## 注意力、节奏感和复杂度

李翔：财报会议上，我听到大家说"减宽加深"，应该怎么理解？

王宁：公司越来越大，但大家的时间是不变的，包括我在内，你只能把你的注意力放在真正有价值的事情上。这个过程中就要做减法，不能什么都做，什么产品都开发，至少不能通过堆产品的方式来增长。它其实是一种理念。

李翔：这半年，你们做了什么减法？

王宁：不只是这半年，我们一直在做。2019 年，我们一年做 100 个系列，现在销售额翻了 6 倍多，我们每年还是控制在100 个，这就是不断减宽。如果预测销售量不够一定量级，就只能牺牲掉。

李翔：所以减宽加深会一直持续？

王宁：会。其实就是聚焦注意力和节奏感。我们还是希望把注意力放在更有价值的产品上，只有做得少，才能聚焦。当然，我觉得这样做也有问题，也许我们会漏掉有价值的创新，所以我们也有一些其他辅助机制。比如成立共鸣工作室和其他工作室，让它们可以在公司大方向以外有自己的一套逻辑，争取不被公司影响，以此来保持整个组织的创新活力。

李翔：去年跟今年，你关注的重点会不一样吗？

王宁：今年还是会更多关注海外业务，我参加了很多海外门店的开业，也想去看看当地的消费趋势，亲身感受一下。有时候商业就是一种感官上的东西，到那儿你就能感觉到底哪些做得好、哪些做得不好，哪儿会成功、哪儿会失败。

图4-2　2024年6月，泡泡玛特伦敦牛津街店开业，王宁与员工合影留念

李翔：理论上海外很多店的开业你是没必要参加的，是吧？

王宁：我可以都不参加，但是我觉得这是对海外团队的一种支持。他们希望我可以参加一些重要门店的开业，剪个彩，发个言，跟当地团队一起吃饭、聊聊天。我觉得在当下，这是挺重要的。

李翔：你去海外一个重要的城市出差，有必须看的东西吗？

王宁：肯定会看一些当地核心商圈。看得多了，你也就知道到底全球优秀的品牌是什么样子的，包括不同区域的文化的感受、消费者的感受。世界各地的购物中心我基本都去看了，可能点滴的细节都会给我一些灵感。

李翔：从 2020 年到现在这四年多时间，确实环境变化得非常快。从 CEO 角度来看，你欣赏哪位 CEO 或者哪几位 CEO ？

王宁：其实现在我看别人做的事情会少一些，可能我觉得自己更想独立思考，没有人会给你方向。有些长远的事，我也很佩服，比如马斯克可以天马行空地去做解决人类文明的问题，但我又觉得它很遥远。有些眼前的事，部分企业成长得很快，但我不见得认同；部分企业成长得慢，我也不觉得人家一定就做错了。而且我也很怀疑，我的这种不认同会不会就像别人不认同我们一样。可能大家都会进入信息茧房，我只是在片面地看别人，就像别人正在片面地看我。

附录

泡泡玛特高管口述

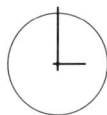

## 在年轻时吃苦

执行董事

刘冉

### 我相信王宁

我是王宁的大学师妹。在入学的第一年就加入了他创立的 Days Studio 社团，听说之前他还成立过一个街舞社团，后来交给其他人运营了。Days Studio 成立之初就是去做一些纪录片，记录大学生活，然后刻盘售卖。我当时觉得"记录生活"这个想法挺不错的，再加上我当时就有相机，就去申请加入这个社团。后来我一直跟他开玩笑说："你当时是看上我这个人，还是看上我手里的相机了？"

我记得第一次见他的时候，他还在跳街舞，发型非常杀马特，穿的衣服是 oversize（大码）的——看不见手的那种，很热情地跟我打了招呼，就是这样了。这个答案或许非常平淡，但真的就是这样。

图 5-1　大学时期的王宁

　　我们自己开玩笑说，我们的第一桶金就是靠卖光盘得来的。当时就是把校园生活记录下来，刻录成光盘售卖。那时候没有短视频，没有朋友圈，流行的是人人网，当时我们做的视频，大部分人是用电脑或者 DVD、VCD 看。

　　其实这个社团人挺多的，但是参加每一次核心活动的可能也就一二十个人。当时也没有实际职务和分工，主要工作就是拍视频和制作视频——拍摄、剪辑、制作、售卖、营销、售后这一系列的工作。为什么没有分工呢？因为工作都是阶段性的，这一段时间大家都在拍视频，另一段时间大家都在筛选素材。当时的业务量也非常小，不需要像公司一样有明确的部门和分工才能做下去。就像抬桌子，我需要把桌子从这个房间抬到另外一个房间，有时候我一个人就能把这张桌子搬过去；有时候需要抬重一点的桌子，那就喊三五个人帮我一起抬过去。

我们当时一年会出两季纪录片，9月入学开始拍，12月发布这张光盘，记录的就是这半年的新生生活。如果从2月开始拍，那拍的就是毕业生离校，在主题上会有一些差别。我们会根据当时入校的人数，计算大概能卖出的份数，再加上一定的售后份数，直接生产出来一批光盘。那时候还分VCD和DVD，VCD卖5块钱一张，DVD卖8块一张，完全在学生的接受范围之内，所以购买率、购买意愿都挺高。

王宁是学广告专业的，营销这部分我们做得还是蛮好的。学校也比较支持社团活动，我们会自己制作海报，甚至第二张纪录片出来的时候，还开了发布会，让大家提前看一看片子内容，看完之后如果愿意购买、想留个纪念，他们就会买回家，再跟家人分享。食堂的电视、学生电影厅，各种能播视频的地方都会去播放，我们会尽可能多地做宣传。

其实，最难的部分不是销售，是拍摄和制作。一个片子需要拍大量的素材，哪些素材是学生的共同记忆？哪些素材可以打动人心？有时候拍了 30 分钟素材，最后只用一两秒钟，这是一个非常耗时和碰运气的事情。还有就是制作，那时候剪辑软件也没这么强大，我们需要把视频剪出来，配上音乐，然后再配上文字。这个过程要有连续性，如果要换音乐，节奏、鼓点全变了，就要重新贴合视频素材，素材的前后顺序也要换，这是一个比较折磨人的过程。王宁自己承担了很多任务，他会把自己关在工作室里，调整很长时间。我们基本上每半年做一次，那几天他非常疲劳，精神比较萎靡。第一年我们赚了钱之后，王宁组织了一次小旅行，去了上海、杭州和义乌，还给社团添置了一台数码摄像机，然后就开始做第二张光盘。

2008 年，我大二、他大三的时候，我们开始做格子铺，就转移了重心。最开始一起开店的人，也是从这个社团里拉出来的。当时转做格子铺，是因为我们卖光盘赚了点钱之后，王宁发现零售的效率更高。当时大家对零售的理解很简单，就是买进卖出，低买高卖。光盘的制作涉及拍摄、剪辑、刻录，以及售后，这个过程要半年的时间，而市场就是对它感兴趣的一部分同学，不管从规模还是客户群体来讲，这都是个小生意。我们就想，如果选对一个产品，左手买进，右手卖出，它的效率会非常高。所以那时候王宁就决定：我们要不要试一下零售。

王宁是一个执行力非常强的人，我们团队的人也听他的，他要求怎么做就怎么做。当时因为卖光盘赚了点钱，生活费多的同学也可以再凑一凑，剩下的钱王宁会想办法搞定。我们基本属于"边跑边调整姿势"，不是一定要姿势优美，有一个多么完美的想法才开始做。

做格子铺后我们就没有再成立新的社团，但是同样有新的人员加入，也就是招店员。因为我们是一个全学生社团，每个人的上班最小单位时间是 2 小时。比如今天早上我 8 点到 10 点没课，我就负责开门、打扫卫生，10 点有同学下课了，就赶紧跑过来跟我交班，因为我要去上课。我们就用这样的方式，把这家店运营起来了。当时格子铺就是一个小店，如果用全职员工可能四五人就足够了，但我们用了二三十个员工，都是同学，有些是我们认识的，有些是我们贴招聘广告招来的。本来选的是学校里面的位置，我们还挺喜欢的，但是付不起租金，学校旁边有一家新开的商场愿意租给我们，我们就去了。我们一直都没有借钱做很大的事情，就是手里面有点什么、自己懂什么，就紧着条件去折腾。当时发的工资也很少，一个小时就几块钱。

大学生想做事情，基本上都止于想一想，王宁这种敢想敢做的，在大学生中还是挺受信任的。我们每次开始做一件事，都会吸引很多人。后面因为个人原因或者大家相处的原因，肯定会有人走。至于我自己留到现在，有两个原因：一是我觉得他这个人很有能力，二是他做什么事都会带上我，可能脾气相投。我喜欢干事，但是没有什么天马行空的想法。他有这些想法，我就去想一想怎么落地，我觉得这是我擅长的，也是我喜欢的，所以也就一直做下来了。

我们当时还注册过一个网站，叫"我爱 DIY"。当时的想法是帮大家定制 T 恤，但是学生社团没什么钱，而且那时候 DIY 技术没有现在这么发达，制作单件的成本比现在要高很多，所以做着做着就放弃了。

王宁去上海实习期间，一直跟我们联系，这就像是一个社团的传承，他需要把这个店铺顺利运营下去。那时候我也要考虑实习和找工作，也在想办法把这个店交接出去，基本上我们都会找下一届的师弟师妹去带，等他们相对熟悉之后就交给他们。最后王宁把这个店铺卖掉了，所以有了在北京创业的第一笔启动资金。

我觉得王宁心里一直有一股劲儿。他其实是先到上海，后来又到北京工作，工作不久后还是决定创业。那时候他开完店也没有更多的预算招人，即使挂出来招聘，估计愿意来投简历的人也不多。我们几个同学就从学校过来，帮他把店开起来，然后我们又回去实习了。后来他陆陆续续地从社会上招了一批店员，也有他在北京工作时认识的伙伴加入我们，其实就是这几拨人轮着把这家店给撑起来。当时是挺艰难的。

在他决定创业的时候，就给我打电话，让我来北京。当时他说："我们还是要做一件自己的事情。"我都不太记得他具体跟我说了什么，但是我记得他每天都给我打电话，每天《新闻联播》结束之后，他的电话就来了。我专业是学旅游管理的，到旅行社实习以后发现旅游行业跟我想的不太一样。我原来想的旅游业是人文历史、山川风景，而当时我看到的旅游业，是要导游通过带游客去购物来赚钱。我不愿意做这种事情，再加上王宁一直在邀请，我就来北京了，那是在我毕业大概一年的时候。当时的想法就是大家一起做一些想做的事情，做成就做成，做不成就再回去。

北京的第一家店是 2010 年 11 月 17 日开的，那时候的营业额非常低，基本没什么利润。我们当时还用信用卡借钱，营业结束之后，需要用 ATM 把现金存到卡里，再去便利店通过固定设备把信用卡还上。一般我们都会在信用卡还款截止日的零点之前把钱还上，比如我们今天营业额有一千块，把这个存上之后才够还信用卡，但是如果有一张钱比较旧，ATM 识别不了，就真的会很沮丧。因为那个时候银行都已经关门了，周围也没什么人，不可能再去换一张新的一百块，信用卡就面临逾期。

刚开店的时候王宁自己租的是一个 6 楼的房间，没有电梯。开业前我们统一进货，他和杨涛要把几十箱货搬到 6 楼，开业的时候再搬下来。我当时跟另外一个同学来北京，我们租了一个小出租屋的隔断间，只能放得下一张上下床，像学校的高低床，但学校的床是钉在墙上的，这个上下床是房东临时买的，床很晃，一个人要到上铺睡觉的时候，下面那个人得平躺好，不然床就会被整个拽倒。

现在我觉得苦一定要年轻的时候吃。今天成功了，回想起来，当时觉得好玩、挺有意思，但是如果三四十岁的时候再去体验，就会有一些辛酸了。如果为生活所迫，可能还是会去做，但不会这么快乐了。那个时候大家在一起，基本上就是工作、吃饭、玩，也没觉得有什么不对和不开心的，所以也就没有考虑太多——比如五年之后我还挣三千块钱怎么办。

我后来想了想，那时候我们相信王宁，王宁相信自己。我记得王宁说过一句话："我才20多岁，就算失败了又能怎么样呢？我相信我这辈子挣的钱，肯定不止这点。"

我觉得当时不需要激励，需要激励的人都走了，因为当时王宁还没什么能拿出来跟大家分享的。当时就是年轻，觉得在一起做事有意思。其实现在回过头来看，我觉得更认同那句话："你不在意结果，往往结果会给你更大的惊喜。"中间来来去去的人很多，有家里催着要结婚的，也有觉得太辛苦。还有一些人，觉得回老家找份工作也能挣三五千块钱，何必在北京挤在出租屋里，挣着三五千块钱的工资呢？王宁当时也没有办法给大家激励，给大家股份。那时候都没有股份制的概念，也不知道这个盘子会有多大，而且也没有人投资。

我觉得比较稳定一点的时候，可能就真的要到2017年了，直到我们开始做MOLLY，开始觉得潮玩这个方向是对的，我们才觉得这件事"敢"想了。记得2018年，我看一个综艺节目里说：盲盒就是你生活当中的一个小确幸。我们之前跟别人解释什么是盲盒，都要解释半天，看到这个综艺节目里有人开始拿盲盒去定义一个新的东西的时候，我觉得它肯定是大家都熟知的概念了。

**爆款会成为品牌符号**

我们的品牌名是POP MART，翻译过来是潮流超市，最开始我们什么都卖，后来发现客单价集中在39元。为什么是39元？因为我们那时候卖一款流行的无镜片眼镜框，它的价格就是 39 元，每个月都能卖好几百个。它的销售数量大，我们也就能拿到更低的成本。我们就想，是不是能多卖一些这种量大的、大家都喜欢的东西？店里有好多柜台，我们都有机会尝试，你觉得笔好卖，他觉得发卡好卖，她觉得眼镜好卖，大家都可以试一试，最后谁进的货好卖，谁就去当采购；谁选的品类对，谁说了算。

对泡泡玛特而言，我觉得一个重要的选择就是融资。最开始我们想做加盟，但是发现加盟商非常不稳定，他们要求变现的时间很紧，因为加盟商基本上也是一个家庭拿出积蓄来做这件事，再加上品牌做大之前，很难建立信任感。后来我们就决定融资，拿了融资之后，相对来说缓了一口气，至少我们不用再考虑怎么还信用卡。

"线上线下两条腿走路"是发展到了一定阶段的选择。我们其实在创业开始的时候成立过一个网站，叫淘货网。当时的想法是，我们自己有一家零售店，那是不是可以去货源地守着，做一个一件代发的平台。其实是从我们自己的需求出发。我那时候就去广州待了半年。我们把店里卖的东西上传到网站上，有客户下单我们就从店里帮他一件代发货。如果店里没有，我就守在批发市场购买。后来发现做线上是需要流量的，线下的人流量你是看得见的，线上的流量你看不见，我们也不知道怎么去投流，不知道大家怎么才会看到你，而且也没有钱投流，所以就慢慢放弃了。

因为泡泡玛特的员工都挺年轻的，我们当时没有潮玩概念，但是我们有手办、动漫的概念，也卖过一些大版权的手办，比如钢铁侠、蜘蛛侠。我们自己是年轻人，我们喜欢这些。我们的消费者也是年轻人，他们也喜欢这些。再加上当时卖 Sonny Angel 卖火了，成为了爆款。所有这些因素都让我们觉得可以做潮玩，泡泡玛特将来会成为一个大品牌。我们一直相信爆款的逻辑：做一个爆款，它就会变成一个品牌符号，或者品牌的代表。

团队的分工基本上是自然而然形成的，当然也有客观原因，比如最开始只有一家店，不需要物流，后来我们的货开始多了，甚至还有分销商，就需要物流，那时候王宁之前的同事超哥就加入做物流。在需要的时候，这个工种就产生了，这个合适的人就出现了。有一些岗位是客观需要，有一些岗位就是因为当时没钱，你做也行，我做也行，那就怎么省钱怎么来设计岗位。

这里面也有一些挺有意思的事儿，我们 2009 年开始做格子铺，2010 年开始做泡泡玛特，但是直到 2013 年，有一个专业做商品的同事加入我们，我们才知道 SKU 的概念。之前不知道，基本上是以懵懂的状态一路往前跑。

我自己觉得压力最大的时候是 2015 年。那个时候我们把 Sonny Angel 卖火了，对方担心我们的发展不受控制，想去培养更多的分销商。这就相当于把我们的脖子卡在了别人手里。因为这个商品占销售额的比例太高，如果我们没有拿到它的授权，一家店就白开了，或者说肯定会赔钱。所以那时候压力非常大的原因就是，你不知道新开一家店，别人能不能给你授权。

2015 年，我们的身段非常柔软，姿态也非常低，和 Sonny Angel 做了很多轮的沟通，还去了深圳公司和日本总公司。尤其是 2017 年我们办第一届潮流玩具展，当时我们只有 MOLLY 一个 IP，其他 IP 还在规划中，特别需要外部 IP 来帮我们撑场子。当时我们找到 Sonny Angel 说："你们能不能来我们这儿参展，我们给你们一个最大的展位，我们来出全部费用。"他们依然拒绝了我们。从 2015 年开始我们感觉难受，一直到 2017 年都还在妥协。但后来我们自己的 IP 多了，产品也陆陆续续上市，市场上也开始有我们的一席之地了，自己的腰杆也硬了，就彻底放弃了跟 Sonny Angel 的纠缠。

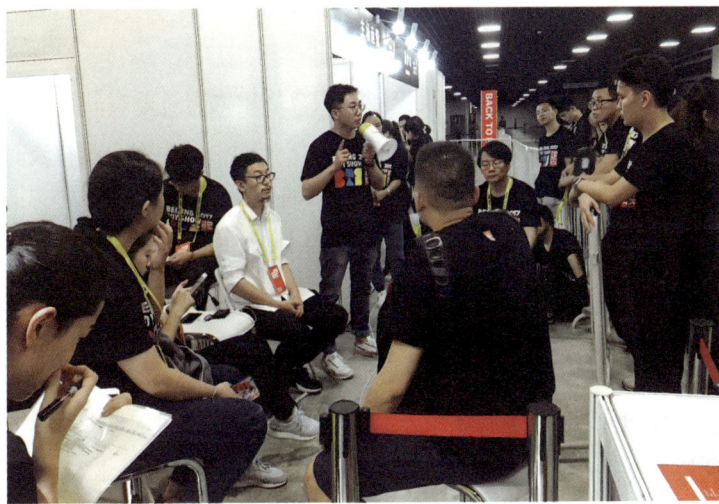

图 5-2  2017 年，王宁和团队在第一届潮流玩具展后台

当时它拒绝我们有三个原因。一个是它有自己的商品定位，觉得自己不是潮玩，而是家居和生活方式。还有一个原因是我们发展得太快，他们不想做这么快。这两点是核心原因。最后一个原因是他们也不够开放，当时我们的量已经非常大了，就提出帮我们生产一些特殊产品的需求，只在我们的渠道卖，他们都拒绝了。在我们看来，这没有任何拒绝的理由。我们想不明白，也不符合我们自己的发展节奏，那就只能分道扬镳了。

再后面我觉得压力就相对小了一些，因为我们自己心里很笃定：相较于其他潮玩公司，我们的零售是有优势的；相较于其他零售公司，我们又有 IP 优势。现在我们也有其他的零售公司或者 IP 公司带来的竞争压力，但是我感觉想办法突破自己的压力更大。

后来我们准备上市，提交了报表之后，大家可能看到了这里面的利润空间，开始有更多的人进入这个行业。当时有公司在我们隔壁楼设了办公室，用两到三倍薪水挖我们的人。那时候我觉得 HRBP（人力资源业务合作伙伴）可能是最焦虑的，因为人被挖走之后，他们还要继续招人。别人真金白银来挖人，我们也没有办法。我们会劝、会留，但总会有些人抵不住诱惑，就走了。

在内部的学习和讨论里，乐高跟迪士尼这两家公司最近出现得比较多。同时我们现在在关注用户反馈的产品质量和瑕疵率问题，所以我们对工厂的学习也比较多，服装工厂、饰品工厂，甚至我们也看机械零件配件工厂和汽车工厂。我们还曾经去一些酒厂，看他们怎么做文化。所以我们学的企业类型还挺多的，从中抽出来自己感兴趣的那部分去看。比如看酒厂，酒的毛利率是非常高的，尤其像茅台、五粮液和郎酒，它们怎么能把酒卖到这么高的价格？营销是怎么做的？文化是怎么做的？都是我们感兴趣的点。我们去体验了酒企的庄园，看它们怎么做酒，以及如何设计表演和制作特色餐饮，这就是一个完整的道场，也就是主题沉浸式的设定。我们的乐园和门店，怎么能给别人一种潮流文化道场的感觉，这也是我们一直追求的方向。

受人尊敬的百年企业对我们来说一直都非常有吸引力。前段时间，我看到一个新闻，迪士尼米奇的第一代形象马上就要过版权保护期了，它可以把这个 IP 运营百年，到现在大家都还愿意买单，它是怎么做的？大家都说学不会迪士尼，它的体系到底是怎么样的？有人说，迪士尼乐园是世界上最快乐的地方，如果去了迪士尼不快乐，那是个人的问题，不是迪士尼的问题。迪士尼是怎么做到这种文化植入的？我们也希望给大家带来快乐，那快乐到底是怎么产生、怎么感染大家的？还有经营，很多百年老店都是小而美，但迪士尼规模这么大，经历了这么多任首席执行官，它的初心是怎么坚守的？怎么能运营这么长时间？我们也都挺好奇的。

前两天我还跟同事讨论，我们最开始的商业模式是做超市，后来想做爆品，选定了潮玩，它是从一种分散的状态变成合集的状态。现在我们又开始把不同的产品线提级，把衍生品提级，再变成分散的状态。衍生品的优先级提升，如果更早一点，可能会更好。但是没关系，如果你要做一个百年企业，晚一两年怕什么？

## 上市让我们更从容

我没有感觉到上市给王宁和团队带来明显的变化，但是财务状态改变，肯定会让大家变得更从容一些，这是能感受到的。你可以这样理解，我曾经天真地以为 30 岁生日零点钟声敲响的那一刻，我会经历翻天覆地的变化，周围的磁场都会发生改变，但事实上并不会。我们上市时放了一部 10 分钟的纪录片，里面有一个镜头，我觉得拍得特别好。有一条丝带从天上飘下来，王宁抬头看了那条丝带一眼，就是那种感觉，只是看它一眼，你就知道那是结束，也是开始。

对他而言，如果要说改变，可能是对具体事务的参与程度没有之前高，因为占用他精力的事情越来越多。但是昨天我们开了一天的会，2024 年的产品一个一个地过，讨论这件产品到底行不行，到底怎么做。他在关键的事情上还是保持着之前的高参与度。他会关注小红书、关注微博，他非常关注顾客的反馈，要求也非常高。如果有人说我们的产品质量不好，他会非常在意这件事情，会反复拿出来说，所以我们也一直在产品质量上面不停地投入。包括门店射灯的角度、音乐的大小等等，他都会有感知。

我觉得他的脾气不算大。可能因为我们其他人的脾气太好了，所以显得他凶。还有就是职务给他带来的一些天然的威严感，可能会让大家觉得他的压力更大一些，一些小细节很多人也不敢去找他确认。我觉得他挺孤独的，越来越孤独了。有的时候他也希望听到大家的一些反馈，但可能没有人敢去跟他聊。公司越来越大，原来所有人跟他在一米范围之内。一旦组织膨胀，即使你是一个老员工，也会被膨胀到五十米或者是一百米的距离。这时候天然就会产生距离感，并不是说王宁主动地把这个距离给拉开了。

我提醒过他不要皱眉。他说话的时候，总是会习惯性地皱眉。他一旦开始皱眉头，底下人就不敢随意说话了。其实，他皱眉，并不代表他不满意或不耐烦，可能就是个人习惯。

我们之前讨论过一个问题：公司必须赢利吗？其实这是不应该被讨论的，公司就是作为一个赢利机构存在的。但是我觉得它背后反映的问题是：速度重不重要？规模重不重要？情谊重不重要？这些事情会反复地萦绕在我们创业或者经营的过程当中。现在也一样，王宁在内部经常说："志同道合是兄弟，不志同道合是工具。"我们希望每一位同事都能认同这种文化，并且能够跟公司长久地走下去。当然也不可能公司五千个人就有五千个总监、五千个副总裁，也会有一些人来来往往。

现在和未来新加入的职业经理人，他们是不是真正认同我们做的事情，我们前进的方向？我觉得这是我们所有人都面临的挑战。我们是要睁一只眼闭一只眼，接受现在这个大船上的所有人，还是非常苛刻地去选择跟我们的价值观完全一样的人？之前这会让我挺纠结的，现在也慢慢想通了，公司没有办法保持最开始还很小的那个样子，可能每个人都要经历这道坎儿。现在对于大家的挑战就是公司能不能健康地、长久地走下去。我们一直说："给大家带去快乐，我们学习的对象是迪士尼。"这不是只在公关稿上才这么说，我们发自内心地想去做这件事情。

我们讨论的结果是：这两者不冲突，一定存在一个方向是让两者可以并立的，只是我们还没有找到这个方向。所以不会是非黑即白的一种选择，不是说我们要选择有情有义，我们的规模就要更小，发展速度就要更慢。

我也看过一些报道，也了解了一些我们同时期的公司，它们其实在创业之初就已经想好要做一件什么样的事，目标非常明确。但是我觉得我们的目标其实没那么明确，我不知道这样是不是会让大家觉得不够坚定，目标不够清晰，但我觉得也没什么不好，就是多一些体验。你手里有什么牌，就打好什么牌。

我们之前觉得战略没那么重要，原因在于我们觉得战略太远了，我们想随时变化。但是当企业越来越大的时候，就会发现战略开始变得重要，步调一致也变得重要。比如供应链，现在开始做2025年的产品企划了，这在我们开始创业的时候是不敢想的。我怎么能知道明年、后年会流行什么？但是现在作为一个潮流品牌，我们要有自信，也要有能力去引领潮流。另外，我们也要给供应链足够的时间去做这件事情。所以战略开始变得越来越重要。

其实我们内部一直在说，王宁的特点之一就是他变化很快。今天要这样做，明天不至于大转弯180度，但120度的变化也是有的。

这个转变会让人措手不及，也会增加资源浪费，起码浪费很多感情。但是一家公司的首席执行官如果不敢去做这样的调整，没有勇气背负这种指责，我觉得也不对，难道要眼睁睁地看着企业滑到不可收拾的地步吗？从另外一个角度讲，迅速调整是很需要勇气的。你去问一个部门的负责人，大家已经做了三五天的工作，你跟大家说现在要换一个方向，有没有勇气这样说？我觉得不是所有人都有这种勇气去说的，更别说几千人都在看着你的时候。

你要说平静接受，大家都是人，谁也做不到，但是会执行。因为他不会简单说就按他说的来，王宁还是会跟大家讲，他为什么会这么想，他昨天这么想是因为什么，他今天这么想又是因为什么。很多人是被沉没成本限制的，但我觉得他是一个从来都没有这方面顾虑的人。一句话——不行马上调。比如创业初期，有的桌子尺寸不合适，但凡有点钱，王宁就会把这张桌子换掉。他是完全不凑合的一个人。

短期内可能我们最重要的事情就是全球化和集团化。如果所有的准备工作都往这两个方向努力，可能这个期间生长出的能力，也足够让我们应对各种各样的市场变化。

我们前两天聊战略的时候说："我们的愿景是成为一家全球领先的潮流文化娱乐公司。"司德说："其实当时说这句话的时候，就是为了写在招股书上，但是现在想想，这句话太厉害了，不能多一个字，也不能少一个字。"所以有时候是我们主动思考，有时候是形势逼着我们思考。有可能就是在那一刻你会想：现在你是一家公众公司了，公司的账上有钱，怎么样把它花得更聪明？这才开始思考长期战略的问题。

现在回过头来看，运气真的蛮重要。如果从我们几个人的背景、出身，甚至启动资金来看，没有理由是我们站到这儿。可能就是坚持了别人坚持不了的，相信了别人不敢相信的。零售的市场空间很大，但是年轻人从这里起步创业的，当时非常少。我们就是打好手里的牌，从这个地方慢慢起步，然后杀出一条血路。泡泡玛特的成功跟王宁有很大关系，跟创始团队的因缘际会也有很大关系，也许团队里每个人都不是最优秀的，但是在那一刻刚刚好。

## 做 IP，做内容

首席运营官

司德

### 对结果不要急

我跟王宁是 2014 级北大 MBA 的同学。我们的首席财务官
杨镜冰、乐园负责人胡健、王宁和我是同一级的，他们仨是一个班，
我在隔壁班。我跟王宁熟悉起来是因为我俩一起在那一级的足球队
踢球。那时候是我工作第四年，在外企当小职员。泡泡玛特也是一
家小公司，那时候的商业模式就是"进货－卖货"模式，批发年轻
人喜欢的商品再卖出去，毛利不够高，模式也没什么特别的。泡泡
玛特一直到 2017 年才赚钱。

当时大众都很关注创业，年轻人都想创业，我也有这个想法，
但我的性格不是那种自己创业的人。我的规划是：在大外企做几年

之后，攒攒经验和人脉，有机会再跟人一起创业。跟王宁认识一段时间之后，他让我去他那儿。其实这个事情对我来讲，并不是一个特别难做的决定，如果不顺利，再回外企就好。但是对我父母来说，他们无法理解去一家没听说过的小公司，工资也变少了。

大概是这么一个状况，没有后来好多人说得那么神奇。北大的同学里，我是第一个来的，杨镜冰比我晚了两年多。再后面是乐园负责人，也是原来线下零售的负责人胡健。现在海外的负责人文德一比我们低一级，他跟王宁有一堂选修课在一起上，就认识了。2018 年左右，我们正式邀请他加入，他做了激烈的思想斗争后决定过来。

王宁还是有创始人气质和吸引力的，在我们这些人来的时候，其实也没有承诺任何的股票或者别的什么，大家闷头儿就来了，先做了再说，干着干着就慢慢好起来了。我们真正找到了好的模式是在 2015 年年底左右。

我们 2015 年年底决定要做潮玩，2016 年 1 月开始找 MOLLY 的设计师聊，4 月 1 日签的合同，第一个系列在线上 7 月卖，线下 8 月卖，后面发现卖得不错再加码。整个过程中，我们没有马上放弃其他品类，全身心专注在这件事上，"进货 – 卖货"的模式也一直在做，过了差不多一两年，对潮流玩具这件事的信心越来越足，才开始逐渐尝试砍掉其他外采的品类，更加专注在潮流玩具上。这个砍掉外采品类的过程也花了好几年。所以说它是慢慢试出来的结果，不是一个被精心设计好的过程。

那时候还有一个背景。我们 2014 年年底融到一笔两千多万的资金，拿了钱想开更多的店。那时候 Sonny Angel 这个产品对泡泡玛特的影响力很大，我们每开一家店，都需要品牌方审批才可以卖它的产品。那时候 Sonny Angel 占我们整个销售额的 30% 左右，如果它不授权，这家店大概率是要赔钱的，所以我们就很难受。受制于人之后就自己想办法，才被迫走上这条路。我的感受是：如果和 Sonny Angel 当时谈判得很顺利，我们不一定会有那么大的动力做潮玩，或者说做潮玩这件事会被推后好几年。在那之前我们没有自己的 IP，也没有找工厂生产，相当于还是一家贸易公司和渠道商。等到 2015 年年底找到了王信明，谈了 MOLLY 的合作之后，我们慢慢地从一家纯渠道商和贸易公司，变成了一家拥有 IP 和拥有生产供应链的公司。

其实做这个决定也没什么风险。我们跟王信明签第一份合同的时候，也是很简单的授权合同，我们也不是破釜沉舟地做这件事，店里其他品类都还在卖着，有各种 SKU，比如本子、玩具、糖果、箱包等。其实今天我们还有很小比例的外采产品，目标是 2024 年内全部实现自己生产，这个过程用了将近 10 年。

王宁的风格不是破釜沉舟式的，他比较稳，试的过程中，他的想法不断调整和变化。试得越明白，投入的人、时间、钱可能就越多。比如海外，2018 年公司就开始搞海外，慢慢搞，直到两年前，看得越来越明白了，他的精力和团队的精力才开始投入更多。

## 做 IP 得找到自己的路

我们内部没有讨论过，但从我的感受而言，我认为公司分了三个阶段。从开始创业到 2015 年年底是第一个阶段，以杂货零售为主；2015 年年底到 2022 年是第二个阶段，以潮流玩具为主；现在处在第三个阶段的开始，公司开始从潮流玩具走向 IP 化。这三个阶段，是从渠道代理商到潮流玩具公司，再到未来希望变成 IP 公司。

从第一个阶段到第二个阶段，其实就是我们这帮人硬上。比如王信明的合同是我谈的，在那之前我从来没有谈过合同，更没跟艺术家谈过授权合同。当时我还谈过一个韩国艺术家的合同，我们用蹩脚的英文谈了好几个月。合同是我们自己写的，我写一点儿，她写一点儿。供应链刚开始是我们另外一位很早加入的同事宣毅郎负责，他天天去工厂了解流程。毅郎之前没做过任何跟生产相关的事情。我们就是先把流程磨出来，慢慢才开始有自己的 IP 团队，也找来了供应链负责人，慢慢变得更加成熟。

在第三个阶段，一方面是公司更成熟了，我们自己能做的事情就自己干；另外一方面是跟 IP 相关的、我们不擅长的事，比如做内容、做游戏，就请了外面的专家进来。

做潮玩这个阶段需要的能力，就是发现艺术家，找到艺术家，跟艺术家谈判、签约，帮助艺术家把设计变成产品，然后去生产和销售。销售能力是现成的，也有一些对市场和商品的敏感度。那时候不具备两个经验：一是对潮玩不懂，不知道哪个艺术家和 IP 是好的；二是确实不懂生产。

解决生产问题确实很辛苦，花了很多精力。我们早期想的是尽量找到成熟的工厂，比如万代的代工厂，因为它有完善的流程，我们可以跟着这些成熟工厂学习和建立自己的流程。

我们前期找艺术家并没有很合适的办法，就是去香港、曼谷、东京这些地方看展会，看什么展位排队的人多就先聊聊。另外，王信明在潮玩圈子里的影响力还是很大的，我们拿不准的会问问他，他也帮我们介绍艺术家。他是一个很好的背书，那时候没有人认识我们，但圈子里都知道他和MOLLY。其实开始去找他的时候，他完全没有听说过我们。那时候他在小圈子很火，但那个圈子太小。我觉得在那个阶段，他被我们吸引的点是我们开了20家店，在他看来很多。

刚开始谈工厂的时候，王宁跟我们一起去，因为我们都不认识工厂的人，就找各种各样的关系见工厂老板，一个一个聊。他就跟人谈梦想和潮流玩具。我们那时候20多岁，工厂老板平均60岁左右，大部分都是香港老板。对方的内心都是：你们是谁？你们在说什么？听不懂。确实不好聊。最终有一家工厂给了我们一条产线，帮我们把产品做出来，才变得顺利起来。

做IP需要的能力还挺多的。它不像做产品，就是设计、生产、销售。做IP的话，没有谁能够总结出来怎么把一个IP做出来，没人知道一个IP是怎么火的，没有现成的路线可以遵循。大家提到IP，想到的都是迪士尼。迪士尼100多年了，我们只看到它今天的样子，但没办法看到它经历的过程，所以没法学。这是做 IP 最难的事，我们得找到自己的路。我们过去的营销更多是销售，现在有些 IP 需要内容，需要讲故事的能力，可能需要做动画电影、做游戏，想办法让 IP 慢慢拥有它的世界观。我们要开始具备这样的能力。

其实我们过去做潮流玩具做得很舒服，行业虽然有竞争，但不是很激烈，毕竟市场还在培养，正处于成长期。但从潮流玩具到 IP 就不一样了，做动画电影看到的是迪士尼，做游戏看到的是腾讯、网易，做主题乐园看到的是迪士尼、环球影城。人家比我们更有钱、更有经验、更有品牌，我们什么也没有，每一步都非常难，相当于每到一个新的细分品类，都有一座座大山在那儿。我们过去把潮流玩具这个品类搞明白就好了，现在还要搞明白毛绒怎么做、周边怎么做、衣服怎么做，每个新品类都很难，每件事情都很难。现在我们要做全球化，各个国家的法律、文化、市场都不一样，包括物流也有各种各样的挑战。走到第三个阶段的好处是市场广阔，但我们发现在这么大的市场里，每一步都不容易，有很多我们不擅长的东西。

我的梦想就是做 IP。我从小就喜欢宝可梦、哈利·波特这些 IP，一路看到现在，家里全都是它们的周边产品。我非常相信 IP，它会给人正能量，另一方面它也是非常好的商业模式。王宁能够看到这是一个足够好的商业模式，他一天比一天信这件事。我记得公司组织了一次团建，去了环球影城，那天晚上他给我打电话，他说他想明白了 IP 和内容的价值，觉得我们应该开始做内容，他不是哈利·波特的粉丝，但是去了之后热泪盈眶，他能感受到我们在那儿的感受。从我们决定做内容到现在，又花了很长时间，我们一直在研究和学习。

其实你看迪士尼的发展，先做了米奇，他们是动画产业的开创者，做的是一个划时代的事情，所以它在那个时候能成功。在我们这个时代，所有人都会拍视频了，这时候单纯地沿着它的路走显然不行了。主题乐园也是一样，中国有那么多人说要做迪士尼那样的乐园，却没人做起来。所以方法论好说，可能任何一个人读两本迪士尼的书，都能说出来几点方法论，但是真的要做起来就会发现很难。

比如做乐园，刚开始我们的想法很简单，乐园属于线下体验，同时也有零售，我们自己开店、接触顾客，就觉得这件事好像可以自己做。刚开始是王宁自己带着团队做，他非常感兴趣，后来因为时间不够，交给了胡健，他是当时线下零售的负责人。他刚开始也没有请外面的人，内部专门设了一个项目组。后来做着做着发现，可能我们会做零售，零售之外还涉及室外的搭建工程、运营演艺等等，我们确实不会做。于是胡健又从外面找做工程的人、设计的人、运营的人，专业的人进来之后就慢慢顺了。

我们在做动画电影之前，中国所有大型动画电影公司都去聊过。我们都是打明牌的，每次想做新东西的时候，都会大张旗鼓地说："我们想做×××，但我们不懂怎么做。"我最近在看饰品，也是托了很多朋友的关系，去跟不同的饰品公司聊。胡健做乐园也是天天到不同的乐园体验，见不同乐园里做运营的人和施工的人。

## 上市的影响有好有坏

我们压力最大的时间点有两个。第一个是 2016 年下半年左右，融资最难的时候。其实我们的融资都不太容易，大家都是很普通的背景，做的这件事也是没有人听得明白，所以融不到钱。2016 年年底，我们快看到曙光了，但是就缺那么一小笔钱，那是最惨的时候，没有那笔钱的话公司就会出问题。还好，最后我们顺利地融到了钱。2016 年就是想办法融钱，从一天见两个投资人，变成一天见 20 个。

另外一个所有人感到压力比较大的时候是 2019 年到 2020 年上市之前的那段时间。大众对公司的关注度突然变大，网上也突然出现了大量负面舆论，基本上一两个月就能上一次热搜，那时候压力还是挺大的。

2021 年、2022 年虽然常常能听到"唱衰"的声音，但整体还好，因为大环境不好，我们可能需要做的就是扛过去。而且我们还是有底气的，虽然生意受影响，但跟其他人比起来还算不错。2023 年也是，很多人说很惨，我们也受影响，但其实数据上还可以，增长还行。国内的规模也还在扩大，虽然慢一点。海外业务非常好，拉动了整体增长。现在海外业务的预期是稳定的，其实所有的零售公司要做大都是要做全球化。乐高从欧洲一个小市场的品牌成了全球化品牌，时尚品牌、服装品牌也都是这样，无非就是能不能做成。

公司上市带来的好处有两个：第一，生活压力没有了，这是实话；第二，公司账上的现金储备足够多，做很多决策可以更稳一些。从心态的角度，公司确实变成了一家所谓的知名公司，至少别人都知道这家公司，很多事更好聊了。这是公司上市的好处。

也有不那么好的地方。比如媒体在写我们的时候，会加那么一句话：公司的股价距最高点已经下跌了多少。再比如股权激励的问题。我们最烦的时候是之前股价快速下跌的时候，不是因为我们自己的股价跌觉得难受，而是很多拿着股权激励的同事受到影响。拿到股权激励的同事一定是核心岗位的人，他们的收入受到了很大影响，这是我那段时间最大的压力。公司也没少花钱，员工体验又很差。因为这件事，我们对股权激励这个工具有了更深的认识。在市场没有那么理性的时候，可能现金激励会比股权激励更好一些，而在股价相对较低的时候，更多的股权激励会让核心人员的感受更好。过去我们觉得大家都喜欢股权激励，现在发现调整股权和现金的比例，可能会产生更好的效果。

## 创始人的偏执

在跟别人交流的时候，王宁会把自己的身段放得特别低。他唯一有可能不满的是：你来了解他，但是你又对他特别不了解。

我们在北大读书的时候，潮流玩具还没有火。当时我们的梦想是创业成功，但是还不知道怎么做。他是一个蛮有煽动力的人。

当时他会讲店里的一些新的尝试、新的项目，拉着我去店里看。

到今天他也没变，性格还是那样。比如他去上海吃了一碗面，觉得特别好吃，下次一起出差的时候，他就一定会拉着我去尝一下这碗面。这种事在我身上发生了无数次，我们一起出差过很多次，他会拉着我去吃很多他去过的餐厅，因为他觉得那些餐厅特别好。

当然现在接触的人更多，见识更多了，很多想法会变得不太一样。但他的性格，还是跟以前一样，想到的事情一定要努力去把它做成，他有创始人的偏执。记得之前有一次路演，有投资人问他过去几年遗憾的事情，他说没有，因为他想做的事情都去尝试了。但是如果他真的发现这件事是有问题的，也不会因为没面子或者已经有投入了就固执己见，他一定会改正。

我们对新项目非常有耐心，尊重时间，尊重经营。我也觉得，一件事如果没想清楚，急着去做，不一定能做成。我们会走得慢一些、稳一些，没那么着急。这可能跟最早王宁做零售有关，零售本身就不是一件特别快的事。王宁的性格、公司的基因或者公司的方法论都是相对慢一些的状态。比如我们做积木，在前期花了很长时间，我相信如果是一个完全独立的团队做，可能会快一些，但是我们接受了"做得慢"这个过程。

王宁有很执着的一面。比如他去店里，如果看到陈列出了问题，可能是很小的问题，他也会要求"赶快改、马上改、立刻改"，然后会跟所有和这件事有关的人逐个发很长的语音，给我发完，给运营的人发，给工程的人发。第二天他会再说一遍，第三天再说一遍，一直到大家做好为止。以前王宁巡店的时候，都是线下同事最痛苦的时候。每次巡店，他基本上都会建一个群、发一堆语音。我觉得他这样的性格对工作来说是好事，很多问题马上就可以改善，因为大家确实都很紧张、很害怕。但是另一方面，也确实会影响大家正常的流程和工作。我们也聊过，他确实比较坚持，他希望凡是看到问题，第一时间就能着手解决。

在管理上，王宁说他只管最大的事和最小的事。最小的事，就是巡店中发现的陈列问题，大家的压力还是挺大的。其他时候他管得相对宽松，比如刚开始做线上业务的时候，他除了定期看看销售，或者自己刷到了一些广告觉得不好看之外，都会放手。再比如做海外业务，大部分的事情他都只是了解一下，管得很少。该松的松，该紧的紧。他更多是跟我们谈好大概方向，把空间留给我们，让我们去做。当然，乐园不一样，他感兴趣，所以参与度很高。

在新项目中，至少牵头的人要和王宁达成一致。比如这件事情我感兴趣，而王宁觉得特别不靠谱，我就不会做，我会等到王宁也觉得可以试了才会去试。大方向一定是他定的，比如两年前决定加速全球化的那个节点就是他定的。

# 从零开始的出海路

国际业务总裁

文德一

## 一半期望一半恐惧

2017 年，我在北大读 MBA，有一堂选修课叫跨国经营，30 多个人来上课，其中就有王宁和胡健。第一堂课上每个人要介绍自己，大家一听就知道，我是班里唯一的外国人。课间休息的时候我去洗手间，有个人就拦住我，说："我比较熟悉你工作的韩国公司 CJ，公司旗下有电影院，还有面包店，我经常去……"然后他递给我名片，我一看：泡泡玛特，王宁，创始人。

后来我们慢慢变成朋友，也有过两次合作。第一次是 2017 年泡泡玛特开始推机器人商店，希望能够放到 CJ 旗下的电影院。第二次是 2018 年 5 月他在上海办潮流玩具展，邀请了 CJ 旗下的餐饮品牌。两次合作之后，大家互相了解了对方的工作方式，对我而言，是了解了泡泡玛特及创业团队的工作风格。

做完潮流玩具展，我跟他说："我们公司和泡泡玛特有很多地方可以合作，不仅是餐饮和在电影院摆放机器。"我就把他和司德、胡健拉到韩国总部参观交流，但是没想到他反而邀请我加入泡泡玛特。

他是非常独特的一个人，他不是问："你要不要加入我们团队？"而是说："你有没有想过创业？"我说："我已经39岁了，人到中年创什么业。"他就说："你还很年轻啊，你知道褚时健吗？他在70多岁开始二次创业。"这段话是一个很奇妙的开始。然后他接着问我："你觉得创业中什么因素是最重要的？"我回答说："创业项目很重要，选择的赛道很重要。创业团队也很重要，要看创始人和创始团队的愿景，还有他们的干劲、热情。"他接着问："你要不要加入我们的创业团队？我们公司需要开拓海外市场，需要你这样的人。"

我马上就拒绝了，因为我真的从来没想过创业。但是他的话打动了我。我后来想，这可能是中年的时候老天给我的最后一次机会。于是，我就跟身边的朋友和家人一起商量这件事。没想到我问了60多个人，基本上都是鼓励我去挑战一下。当时我能看到公司2017年的财报，不到两个亿的营收，门店也比较少。唯一一个反对我加入泡泡玛特的是我老婆，她拒绝的原因很现实：公司能给多少钱？有没有住房补贴、教育补贴等等？我用了一个半月的时间说服她，得到她的同意，在2018年8月初加入泡泡玛特。

我递交离职信的时候，前公司的所有人都非常惊讶，因为派遣人员没有一个主动离职的。大家都问："泡泡玛特到底是一家什么样的公司？它是什么待遇？你到那边做什么？"其实我自己也有很多疑问：在一家中国的创业公司，一个外国人生存下来的可能性有多大？所以我也是一半期望一半恐惧。

## 阶段性的全球化

当时泡泡玛特也有一些所谓的海外业务，有海外客户要买产品，我们就发快递，这是当时的状态。我来了之后，成立了一个部门，海外事业部，组织架构图里只有我一个人。我去的当天，人事负责人看了看办公室，说："这个工位是你的。"我说："这是我的固定位置吗？"对方回答说："不是，是临时的，上周坐这里的人刚离职。"

刚开始的工作范畴很广，从订单处理、发货、招聘、寻找合作伙伴，到制定战略方向，都是我一个人要做的事情。当然我有信心，因为我已经有了大概的架构，还有未来的方向，之前做过一个模拟测试，我比较有信心达成目标。

从自身的角度出发，我们没有太多的人员和资源，也没有海外经验，所以我们选择的是阶段性发展的策略。我们会首先以 To B 的方式做，先找渠道商或者经销商，把我们的产品拓展到其他国家和地区。这种方式一来速度比较快，二来可以利用当地合作伙伴的力量。最终我们需要转成 To C 的方式，但是要分阶段去做。而且当时我们签的 IP 以及我们的产品风格都是东方的，所以我当时的一个假设是：可能我们的产品直接进入西方市场比较困难，所以我们先找邻近的东方国家和地区进入。

所以，是从 To B 到 To C，从东方到西方这样的规划。

我们扫描了全球 200 多个国家和地区，去选哪些市场是值得进入的。我们会综合考虑经济因素，比如人均 GDP、可支配收入、年轻人占总人口的比例、城镇化率这些指标，做了一个比较长的名单，从里边选出短名单，最终是 20 多个国家和地区，然后阶段性地分成第一、第二、第三梯队。新加坡、日本、韩国，以及东南亚的泰国、马来西亚、印度尼西亚、越南、菲律宾是首选，第二梯队是欧美和大洋洲的一些国家和地区，市场大、人口多，但我们要先在第一梯队的市场做到有一些信心的时候再考虑进入第二梯队。

在亚洲国家里首先挑选出来的是新加坡、日本和韩国，因为市场体量还可以，而且已经有一些潮玩的兴趣基础。然后我利用自己的专长，在国外找到合作伙伴，建立关系，以合资的方式一起拓展市场。韩国、日本和新加坡是我们最初建立合资公司的三个地区，方式都是从 To B 到 To C，先用当地经销商去探索市场，然后跟经销商合资去做 To C。后来他们愿意投资也是因为前期泡泡玛特的产品在当地的接受度比较高，所以才有兴趣一起做零售的业态。

没有一上来就直接做 To C 是因为当时我们没有经验，也没有人员，我们需要更快速、更安全的方法来确定一个市场有没有潜力。来自中国的 IP 是否能吸引当地的消费者是一个未知数，用 To B 的方式一起创造市场是最安全的做法。直接用 To C 的方法需要大量的投资，而且建立公司、开账户、做售后服务都要考虑到，很复杂。To B 就比较简单，把货卖给对方，利用对方的渠道能力，他们自己去做售后和管理。

每个市场的情况都不太一样，在适当的时间选择适当的方式是最好的。比如韩国从 To B 到 To C 的转变是一年多的时间，算比较快；有的市场一直是 To B 的方式，比如菲律宾。目前还没有直接做 To C 的例子，基本上都是先做 To B，看数据表现、消费者的反应，然后转成 To C 的方式。

在决定要不要转 To C 时，主要会看三个数据指标。第一，看 To B 的数据，但它不是唯一的数据指标，因为有可能选择另外的合作伙伴数据会不一样。第二，会看跨境电商的数据。第三，看社交网络平台上消费者的数据和反应情况。综合判断下来，如果有信心进入这个市场，那就开始做前期筹备和调研，比如开公司有没有对外资的限制，如果有限制，有没有其他方法可以进入这个市场等等。

### 华人不是海外主要用户群

我们第一个进入的国家是韩国，因为我对韩国比较熟悉，于是 2020 年开了第一家店。现在我们已经开了 83 家店。

在韩国开第一家店时很纠结，2019 年选了这个位置，但没想到新冠疫情来了，我们选择的位置靠近电影院，疫情前电影院是核心位置，疫情后电影院基本上没人去了。当时要做非常难的一个决定：进还是干脆放弃保证金？后来决定推下去，开店第一天很多人戴着口罩排队，我们就觉得情况还不算太糟。但是后面韩国也有一些疫情防控措施，动不动就关门，业绩肯定也会受影响，后来再慢慢恢复。

海外开店，首先前期会在社交媒体上做预热，把气氛做起来，也用一些新店的限定产品去吸引当地粉丝排队购买。跟国内不一样的地方是，国内泡泡玛特有一定的品牌影响力，所以很多购物中心希望我们入驻，但在海外初期就找到核心位置几乎不可能，所以我们也会用不同的策略。

海外零售业态跟国内不太一样，比如韩国和日本是以百货公司为主，1层是奢侈品和化妆品，2层是女装，3层是男装，4层是体育品牌，5层是儿童品牌、游乐场、电影院，我们只能够进驻5层，因为百货公司会把我们定位成玩具。1层的位置我们付钱都不给。那我们就从5层慢慢开始做，业主看到很多人排队，觉得这个品牌也很独特，就让我们尝试到1层，所以我们就慢慢挪到1层。

开店是先在一线城市做，比如在美国是纽约和洛杉矶，日本是东京和大阪，慢慢开始渗透其他城市。首都是首选，然后可以选一个旅游城市。比如韩国我们第一个进入的城市是首尔，第二个是釜山，釜山有很多从世界各地过来的游客。

西方国家我们首先选择的是澳大利亚。澳大利亚人口少，主要集中在海岸地区，包括墨尔本、悉尼和布里斯班三个地区，那边亚裔也比较多，然后再从澳大利亚到美国，接着是英国和法国。我们在海外的主要客户群体不是华人或者亚洲人，必须进入当地的主流市场，但是我们第一个切入点可以是亚裔比较多的地方，所以我们选择从澳大利亚开始。

在美国和欧洲我们选择自营的方式。我们花了很长时间调研美国，比如要先从东部开始还是西部开始。最后选了西部，原因是亚裔比较多，而且洛杉矶的潮流文化也比较发达。用了很长时间也是因为新冠疫情，不能出去实地调研，还得在当地建立公司、开账户，花很长时间选择地点、找施工团队等一大堆的事情。当然现在积累了经验，当时真的是摸着石头过河。在 2022 年 6 月 15 日开了第一家门店，非常火爆。

海外门店的陈列和 IP 布置，70%~80% 是按照国内门店的方式来做的，其余的 20%~30% 是当地元素。比如在韩国和新加坡，我们有一个区域是当地艺术家区域，这是在国内看不到的。这些当地的艺术家没有跟我们签约，但我们也欢迎他们把产品放到我们的门店。另外一个跟国内稍微不同的是，当地的打卡区域都放在门店里边。所以你会觉得大部分海外的泡泡玛特门店跟国内差不多，但会有一些差别。

不同 IP 在海外不同市场的表现也不同。西方和东方不一样，西方消费者对泡泡玛特的品牌比较陌生，对潮玩也比较陌生，所以我们看到销售不会集中到一个或两个 IP 中，会比较分散。我们的产品也有迪士尼、三丽鸥等比较著名的 IP，他们会先偏好这些 IP，再慢慢转移到其他一些IP。我觉得很有趣的是，我们内部设计师团队的作品小野，是我们在海外每一个国家的排行榜上都很高的IP，比在国内的接受度还高。我有一个不一定准确的分析——海外消费者可能喜欢这种有独特设计风格的IP。

## 全球化的顺序

我加入泡泡玛特的当天，王宁介绍我的时候，突然说："希望在3到5年内海外业务能够占到公司营收的50%。"这是之前没有跟我商量过的，不过现在确实是我们努力的目标。

打市场的顺序、攻略、方法，这些我当然会跟王宁以及管理层沟通讨论，但基本上都要我自己想办法去解决问题，这是创业公司的工作方式。大家都希望帮我做得更好，但是大家都不知道要怎么做，有的时候我也不知道，我也很迷茫，因为每天都在发生我从来没有经历过的事情。比如突然港口堵塞了，不能发货，我们需要赶快提出解决方案，因为要赶上市时间。还可能在当地发生一些火灾等意外。第一次出现的时候会恐慌，很紧张，但是后来每天发生一件让我紧张的事情，导致现在有任何意外发生，我都会先说："别紧张，可以想办法解决，赶快做方案。"

我们都是成年人，KPI是自己设定的，不是别人给的。我自己设定目标，然后我会跟王宁沟通，你看这个可以吗？如果他说还不够，那就再加；如果他说可以，那我就努力实现这个目标。是这样的一种KPI形式，而不是自上而下——他说我必须要这样。海外有很多不确定的因素，但我们很幸运，定的目标每一年都达成了，海外业务从 2018 年开始到现在一直是三位数增长。

王宁会给一个大的方向，我们来对齐。他希望在海外地区有更多的亮点做出来，规模增长的同时品牌的影响力也要增强，我会按照这个方向去努力。我们叫 Landmark（里程碑），开标志性的门店，在当地成为有影响力的品牌，比如我们韩国的旗舰店也是在新冠疫情期间开业的，非常醒目，一整栋楼的旗舰店已经是游客的拍照打卡区。我们今年（2024 年）还有很多旗舰店的项目在计划当中。

整个国际化团队现在不到 600 个人，大致 150 个人在中国，主要在北京和广州。每个国家和地区都会有当地的泡泡玛特团队，基本上都是本地人，比如韩国 100% 是韩国人，日本超过 90% 是日本人，新加坡 100% 是新加坡人，法国和英国有一部分华人。

在海外做品牌的方式也是通过线上和线下营销。每个国家和地区都有自己使用社交媒体的习惯，我们会用不同的社交媒体平台做一些营销。线下营销方式不太一样的地方在于，要按照当地的文化习俗去做活动，比如在马来西亚和新加坡开店，要用舞狮的传统方式去做开店典礼。

海外开店速度最快是 2023 年，开了 30 多家门店。因为当地的团队建立需要很长时间，现在慢慢成熟起来，在当地开拓市场的能力以及运营的能力也足够好了。前期比较慢，但是一旦有了第一家门店，后续速度会比较快。2024 年可能会更快。

我们没有选择先打透一个市场再去扩展，原因是打透一个市场很难，需要很长时间。比如泡泡玛特现在在中国有 400 家门店，但是它经过了很长时间的积累，潮流玩具本身不是一个大众行业——比如一个杂货品牌，可以通过加盟的方式迅速扩张。而且我觉得速度太快也不好。这样的话，可能要十年时间才能打透美国市场，那就要十年之后再考虑英国市场了，但是我觉得现在已经看到了机会，不能等。

现在海外门店最多的国家是新加坡，有 8 家店，2024 年我们预计还会新增 2~3 家店。地区的话，在中国台湾地区刚刚开了第 10 家店，即台北西门町的旗舰店。有一些市场因为人口数量，可能会进入增长缓慢期，我们也不会刻意用开店的方式去把规模做大，这样对品牌不是很好。

泰国市场是一个惊喜。我们从 2023 年 9 月底开始进入，不到 6 个月的时间，已经有 3 家店，马上开第 4 家，这个速度是很惊人的。我知道泰国市场可能是黑马，但没想到这么有爆发力。泰国首家门店在曼谷的 Central World（中央世界购物中心），非常好的位置，面积只有 160 平方米，业绩非常不错，大概是所有门店平均产出的 10 倍。第 2 家、第 3 家也非常不错，而且有很多当地的品牌想跟我们合作，泰国市场给我们带来了很多惊喜，非常自豪。

在泰国很火的 CRYBABY 是我们签约的泰国艺术家的作品。最初是为国内市场签下来的，开始时没有那么火，但是在泰国非常火爆。新冠疫情基本结束后，泰国人在中国和韩国旅行，就有很多泰国游客想买 CRYBABY 的产品，而且都是端盒买。我们 2024 年 2 月 9 日在泰国的一个新店开业，就是 CRYBABY 主题门店。希望未来在海外我们可以挖掘出更多的当地艺术家，能够做出一个当地很受欢迎的 IP。当然现在还是起步阶段，但未来就是这个方向。

图 5-3　2024 年 7 月，曼谷素万那普机场，LABUBU 成为"神奇泰国体验官"

在打开盒子前，每一个市场都是很难的。但每打开一个市场，都会给到我们很大的惊喜。我们的产品不只是中国的产品，而是一种能给其他国家和地区的人带来快乐和美好的产品，所以我相信以后能够开拓的市场非常多，我们还只是起步而已。

# 乐园诞生记

乐园负责人

胡健

## 商业生涯刚刚开始

我跟王宁是北大光华的同学，当年我们就聊得多一些。因为我想创业，他是班上 60 多个同学里少数的创业者，当时想创业的人都在关注互联网，对零售行业不感兴趣，我当时想做传统的餐饮，所以能跟王宁聊到一块儿。

上完第一年的课程，我向他请教，说："我准备去创业，你有什么建议吗？"那时候其实他已经抛出橄榄枝，说："我们要不要一起做？"泡泡玛特当时以北京市场和南京市场为主，正准备开拓全国市场。但那个时候我婉拒了，因为我有自己想做的事，我只是向他请教创业的方法。他给了一些建议，我听了，但是也没听进去。

他提醒我的一个关键问题是我后来创业失败的主要原因。

创业快两年，其实是有点受挫的，我也没有想好接下来到底干什么，都已经准备回成都过安稳日子了。当时王宁参加了深圳卫视的一档创业节目，我正好看了那期节目，很认同他说的新方向，就去找他聊，看有没有合作的机会。他也没说能不能合作，只是说正好他们高管团队要去爬泰山，让我一起去。我没多想，穿双皮鞋就去了，最后穿着皮鞋爬完了泰山。

我记得特别清楚，我们一起爬泰山是 2016 年 11 月 16 日。因为第二天是我的生日，跟他们一块儿回北京，他们端出来一个蛋糕。我心想：他怎么知道我生日是 11 月 17 日，用搞得这么隆重吗？后来发现不是给我过生日，是因为刚好那天是司庆，泡泡玛特的生日也是 11 月 17 日。

那是我第一次见到整个高管团队，王宁在路上也讲了一些他的想法。回北京以后，他让我不要住酒店，就住他家里。我们晚上就坐在客厅地板上，一边看电影一边喝酒，他就跟我聊天。我现在还记得其中一句话，他说："胡健，我们的商业生涯刚刚开始。"当时我有一下子被点燃的感觉。因为那时候我还不到 30 岁，经历了一次失败的创业，有一点被磨平了志向，但心里又不甘。

后来就顺理成章地加入了泡泡玛特。当时公司有了 MOLLY 这个 IP，王宁觉得非常有潜力，因为有了 IP 之后就有很多故事可讲，不是以前的杂货铺逻辑了，可以去做供应链，可以自己打造 IP，可以做展会，可以做门店。有段时间我们自己的理解就是，我们突然从零售店变成了"艺人经纪公司"，只不过我们经营的不是具体的明星，而是这些 IP。我们可以给 IP 开门店、卖潮玩，这相当于卖专辑；我们可以做展会，相当于给明星办演唱会和见面会。未来还可以做授权，整个商业模式还是很有想象空间的。

但是坦白讲，我没想到后来公司会有这么快的增长。因为 2016 年公司还没有赢利，2017 年才开始做展会等业务，整个公司规模还比较小。王宁描绘的美好明天和他的商业逻辑我是认可的，也觉得这个团队真的是在干事情，从王宁开始，到刘冉、司德、杨涛等，大家都是干事情的人，但没想到会发展得这么快。

加入之后，我的第一个工作是做工程——门店的设计和施工。我当时问王宁："为什么让我来干？"我是做销售出身，虽然自己创业的时候做过餐饮门店的工程，但并不是工程出身，所以我很不理解。我就问他："你怎么想的，为什么让我干这件事？"当时他回答了四个字，一下子就把我拿捏了。（笑）他说："因为信任。"

但我还是希望做跟经营相关的工作，我喜欢新东西，所以后来开始做机器人商店的时候，我就负责机器人商店的运营。又过了一段时间，我把整个线下接过来负责。那时候的工作主要是负责门店、机器人商店、展会等，不做 BD（商务拓展），肖杨把铺面谈完，剩下的活儿都是我的。

当时要我接线下业务，司德、刘冉还有王宁花了一个多月找我聊，我都不想接。但是后来让我接乐园这件事，我只花了三分钟就决定要接，因为它有意思，我更喜欢做从 0 到 1 的事。我不太想去负责一个很成熟的业务，我会怀疑自己在这件事上的价值——可能有人比我更适合。

## 做乐园是借事修人

接乐园属于你情我愿。当时政府希望做城市更新，推荐了好多场地，我们都婉拒了。但是我们五个人一起到朝阳公园看完现在的场地之后，王宁说他有画面感，问大家这个事情干不干。我说："干啊，必须干。"我对新东西感兴趣，但我觉得自己跟这件事没关系，当时乐园的负责人另有人选。后来进入设计环节，设计的供应商还是我推荐的，我对这件事情确实感兴趣，所以每次会议我都会旁听。有一天他们就找我聊，问我有没有兴趣把这件事接过去。我花了三分钟，想了想，觉得可以，就把事情接了，同时慢慢地把线下交接给别人。

其实当时看了场地我也有画面感，所以我知道王宁在说什么。在北京的市中心，能有一片有湖、有树林，还有建筑指标的地方，非常难得。当时就想：这片树林适合 LABUBU，因为 LABUBU 就是北欧的森林精灵；这个楼可以改成一座给 MOLLY 的城堡。而且往那儿一站，能看到 CBD，有很好的湖景，那时又是夏天，植物生长得很好，就觉得一定能把它改成一个特别好的、有梦幻感的东西，但没想到后来改得特别费劲。

我们的设计方本身就是做乐园的，一个以西班牙人和德国人为主的团队，里面很多人参与过世界顶级乐园的设计工作。我们花了很长的时间，跟他们一块儿做了很多研发测试的工作，包括园区的客群、故事线、动线、接待率、选设备等。一开始我们就知道，它跟迪士尼、环球影城不是同一类产品。我们内部有段时间不把它叫作乐园，把它定义为一个品牌朝圣地，只是用了一些乐园的手法而已，它承担更多的是偏品牌的东西，有点像日本北海道的白色恋人巧克力工厂。

设计阶段的方案一次一次被推翻，有些是被场地方推翻，有些是因为场地条件无法落地。实际上这个项目确实有些东西是没有达到我们预期的，现在看到的是一个有点"妥协"的版本。它只能因地制宜，所以从可玩性和接待效率上来讲都不是特别理想，这是我们一开始就知道的。

在可玩性方面，前期我们做过一个林间过山车的规划，演示动画都做完了，但发现落不了地，因为不能动林间的树木，过山车的转弯半径做不了，所有来看过场地的工厂都表示设备落不了地。还有 MOLLY 那座城堡的改建，开始时我对改造它非常有信心，后来发现比我想的麻烦多了，因为楼的结构完全不能动，跟朝阳公园的整体氛围还要搭配。现在这个版本是我们做了 20 多版设计才做出来的，现在的版本有 IP 的性质，跟周围的环境又比较搭配，同时也没有动它的结构。

其实中间有一段时间我跟王宁聊，我说："这件事情推得太痛苦了，要不我们别做了？"因为我们想的很多东西落不了地，所以我就想，是不是别着急，等到有更好的场地我们再做。他认为要回到我们的根本目的上来考虑。第一个目的是偏品牌向的，通过乐园能够把 IP 做深做厚；第二个目的是乐园作为一个战略方向要借事修人，借这个项目搭好一个乐园团队，储备好供应商，为以后做准备。

我们这个项目做出来之后，虽然我觉得不完美，但因为有了这个项目，我们未来可能会有很好的机会去做更大的东西。有一家非常知名的合作方，如果只看门店，不知道我们做乐园能做成什么样，这个项目做完了，我邀请他们过来看，他们就觉得接下来是有合作的可能性的。

借事修人的目的达到了，我们对这个行业的认知和理解，跟三年前站在外面看，也完全不一样了。

### 想办法先成事儿

公司在乐园设计过程中，从人到资源的支持力度都很大。我们选的设计方设计费用非常高，中间有不满意的时候，我还会调整一些设计，公司都没有那么计较这些成本。

得想办法先成事儿，这种新业务在开始阶段不能有特别复杂的流程，要先保证乐园能在规定时间内做出来，不能太依赖公司，但是后面到一定阶段就要考虑借用公司能力。如果前期全部依靠公司中台，我觉得这件事做不成，因为通常公司新业务需求的优先级不会太高，还是要靠自己先跑，现在跑出一些数据和产品，就应该把一部分业务纳入公司中台，他们更专业。

当然我们也有很多业务可以借用公司的能力，比如商品能力肯定是可以复用的。哪怕我们自己去跑供应链，打的也是泡泡玛特的旗号，否则只有城市乐园商店那点量，可能不一定能谈下合作。零售的空间设计部分，我们中台的团队给了很多意见。但是餐饮、游乐和表演等对整个公司来说都是新业务，就得我们自己去突破了。

当然我的想法也有跟王宁不一致的时候，有些我妥协了，有些我会坚持，就看谁有道理。王宁还是能听进去的，哪怕他现在不接受，但是只要我的逻辑和账本是清晰的，就可以再聊。比如餐饮。在乐园的商业模式里，门票属于一消，即一次消费，可能大部分乐园收入的 70%~80% 来自门票，但整个行业都知道，要让乐园跑起来，除了客流量要大，还要让二消的占比提升，也就是大家在乐园里面要消费。酒店是一部分，其他就是衍生品和餐饮。我们不做酒店，那能让用户在乐园里待半天的项目就应该配套餐饮，而且餐饮能让客单价提升。

我做了两版方案，一版是我们自己做，一版是找一家成熟的餐饮公司合作。王宁一直坚持找一个合作方，不要花精力去搞这些非核心的东西，但我坚持自己做，也有很多理由。

一是找不到合适的餐饮企业。城堡要装修设计的时候还是2022 年，新冠疫情对餐饮业冲击很大，从业者都不想接这种大型餐饮，而且我们是一个售票的乐园，理论上客流量是比一般商场低的，所以餐饮企业会要求非常高的补贴，我们给不了。

二是我们并非做一家传统餐厅。乐园的餐饮首先要跟 IP 结合，要好看，再保证口味、口感，逻辑跟普通的餐饮不一样。另外，我们要做大量跟 IP 结合的产品，需要内部非常密切地沟通，所以更适合自己干。

三是我觉得在商业模式上乐园里有些东西可以做大，有些东西可以做小。餐饮就是可以做小的部分，比如我是不是可以把它拿出来做成单独的一个商业模式，放到购物中心里，再做复制，甜品也可以单独拿出来做。我们有必要自己发展餐饮能力。

除此之外，因为我创业做过餐饮，我还是有一点信心能把它做好的。后来做出来，其实餐饮是帮我们加了分的，如果当时交给第三方，可能和 IP 不一定可以结合得这么好。

虽然赚钱不是这个阶段乐园最重要的目标，但最终还是要为商业服务的，所以让它的商业模式跑通很重要。我其实算了很多数，只是没有那么激进地说一定要赚多少钱。我的最低要求是不赔钱，因为泡泡玛特没有赔钱赚吆喝的习惯，所有的商业项目，哪怕有品牌传播的效果，也不能赔钱。

除了客流量，现在我们在努力去看复游率数据。我觉得复游率是 2024 年非常重要的一个指标，我可能在 2024 年会把 NPS（净推荐值）做得更科学一点，我们也很在乎用户体验，我觉得这些是比较关键的事情。


### 乐园是把 IP 实景化

关于乐园 IP 的选择，第一肯定会选热款 IP，第二看谁适合场地，毕竟是旧改项目，先有场地。比如看到林子的第一眼就应该给 LABUBU，城堡就适合 MOLLY，然后在乐园其他地方和城堡的负一层，也会给其他 IP。比如城堡负一层设计的心愿之旅，我们用一个故事来讲一个玩具的诞生——让每个 IP 出来完成一项工作，画图、开模、做模型、上色，让消费者把感情投入到里面，用 IP 陪伴他们。

让静态的玩具动起来是一件挺难的事情，我觉得我们还是有些突破的。比如以前应该从来没有看到过 MOLLY 有表情，我们在动画里让它有了一点点表情；以前应该从来没有听过 DIMOO 的声音，在心愿之旅里能听到 DIMOO 讲话——我们选了一堆声音让 DIMOO 的设计师听，最后设计师选出自己想象中的 DIMOO 的声音；LABUBU 除了机模动了起来，甚至还有 LABUBU 之歌，因为艺术家说 LABUBU 不能说话，只能发出声音，我们就在这个基础上让它更有趣一点。

这个过程里偶装做得很痛苦。因为所有人都拿玩具的标准规定偶装，比如不能改变它的比例，但是 1∶1 的比例，怎么让人去表演？迪士尼也搞不定。艺术家和我们做 IP 的同事都会提意见，第一反应是不能接受，比如 LABUBU 的偶装，当时所有人都反对，觉得腿太长了，头不够大，实际上我们没办法不改变比例，我们已经最大程度地还原了，虽然跟玩具的比例差距很大。

解决分歧的方法还是讲道理，我会给他们讲，第一不是我们不想，是做不到，要保证演员的安全性等；第二可以拿迪士尼和环球影城的偶装来参考；第三即使说服不了大家，我们先做出来请大家看，往前推进，审核同事有否决权，但我要先把它做出来。你光跟大家聊逻辑，有时候也不能完全聊得通，把做出来的东西给大家看，接受意见、去调、去改，几轮之后大家慢慢就接受了。现在已经没有人会去谈比例失真的问题，因为它动起来足够可爱，能够传递情绪。

但是长期来讲，可能乐园不能只由乐园团队干。公司已经意识到，我们做的不仅仅是一个静态玩具，我们做的是一个IP，需要把IP的世界观做好，把内容做深，乐园是这些内容能力发展出来之后的一个集中体现。乐园团队更多是把IP实景化和游乐场化，但是IP的深度和内容不是仅靠我们这个团队就能做完的。我们其实还是深度地研究了这件事的。关于对标像迪士尼这样的乐园，我有一张特别细的表，从前期概念设计开始，需要具备72项能力。

从大的板块来讲，前期需要故事能力，也就是编剧能力和构建世界观的能力，我觉得我们现在算是建立了初步的内容。第二个大板块是景观和主题包装能力，现在我觉得对我们而言也不是挑战，我们知道用哪个团队能够做出来。第三个大板块是表演秀和户外演出，我觉得对我们现在的团队也不是难点。最后从卖票到游客服务，再到餐饮这些基础的运营能力，我们也是有的。

但是在大板块上，有两个东西是我们还没有碰的：一是大型设备；二是整个主题乐园的皇冠，也是最难的部分：黑暗骑乘。这是我觉得最重要的一个空白，其他的我们自己想办法都能补上。

大型设备我觉得还好，我们在城市乐园的二期可能会加入。因为像过山车这样的大型设备是相对标准的产品，差异更多体现在包装上，它的运营也是标准的，所以我觉得我们是可以补上的，不算特别难。

最难的是骑乘设备，比如迪士尼乐园里加勒比海盗的沉落宝藏之战，环球影城的哈利·波特与禁忌之旅等。这是最难的，是技术和艺术的完美结合，而且非常烧钱，从ROI（投资回报率）上根本算不过来账。不过幸运的是，我们也找到了实现路径。

之前有很多块地想和我们合作乐园，我们会去现场考察调研，看看是否值得推进，效率很低。最近我们准备不考虑任何限制，从做一个最完美的乐园的角度出发，思考怎么做世界观，选哪几个IP，每个IP配什么娱乐项目，怎么做动线、商业、前后场等，全部想清楚，然后拿着方案去找地方，看怎么落地。

王宁在三年前问我："什么时候能做出一个像迪士尼和环球影城那样的大型乐园？"我其实是蒙的，根本给不出答案，我只能说在我的有生之年，我知道这件事情很难。但随着城市乐园的开业，等到我想明白这件事的逻辑之后，这是现在让我想起来就热血沸腾的事。